Rudolf Hickel
Zerschlagt die Banken

W0073750

Rudolf Hickel

ZERSCHLAGT DIE BANKEN

Zivilisiert die Finanzmärkte — Eine Streitschrift

Econ

3. Auflage 2012

Econ ist ein Verlag
der Ullstein Buchverlage GmbH

ISBN: 978-3-430-20141-4

Gesetzt aus der Minion
Satz: Pinkuin Satz und Datentechnik, Berlin
Druck und Bindearbeiten: CPI – Ebner & Spiegel, Ulm
Printed in Germany

»Man könnte nun einwenden, es sei eine handfeste Verletzung der persönlichen Freiheit, die das Gesetz ja im Grunde schützen anstatt einschränken sollte … Solche Vorschriften mögen, ohne Zweifel, in gewisser Hinsicht als eine Verletzung der persönlichen Freiheit betrachtet werden, doch wenn einige wenige dieses Naturrecht so ausüben, dass sie die Sicherheit des ganzen Landes gefährden können, so schränkt jede Regierung, die liberalste wie die diktatorischste, dieses Recht gesetzlich ein, und zwar ganz zu Recht. Auch die Vorschrift zum Bau einer gemeinsamen Brandmauer, um das Übergreifen von Feuer zu verhindern, verletzt die persönliche Freiheit genau auf die gleiche Weise wie das hier vorgeschlagene Bankgesetz.«

Adam Smith: *Wohlstand der Nationen,* London, 1789,
nach der deutschen Ausgabe München,
3. Auflage 1983, Seite 267.

»Der Prozess der schöpferischen Zerstörung ist für den Kapitalismus wesentliches Faktum …, der unaufhörlich die Wirtschaftsstruktur von innen heraus revolutioniert, unaufhörlich die alte Struktur zerstört und unaufhörlich eine neue schafft.«

Joseph Alois Schumpeter, *Kapitalismus, Sozialismus und Demokratie,* New York 1942, nach der deutsche Ausgabe München, 5. Auflage 1980, S. 137 f.

Inhalt

Einleitung
Die Banken bändigen,
die Finanzmärkte entmachten

Macht euch die Banken untertan! Es ist höchste Zeit: Großbanken mit ihrem Geldmaschinen-Investmentbanking müssen zerschlagen und die derzeit völlig unkontrollierten Schattenbanken abgeschafft werden. Das Ziel dieser Zerschlagung ist eindeutig. Es geht um den Ausstieg aus hochriskanten Spekulationsgeschäften, die nicht nur die Kunden dieser Banken belasten, sondern die gesamte Wirtschaft und Gesellschaft in den Abgrund reißen können. Das Bankensystem muss wieder auf seine dienenden, genuinen Aufgaben eingeschränkt werden.

Um die Dimension des Rückbaus zu erkennen, lohnt sich die Bestimmung der nützlichen Rolle der Banken in modernen, hochgradig arbeitsteiligen Wirtschaftssystemen. Es geht darum, mit Einlagen die Finanzmasse zu gewinnen, die zur Kreditvergabe an Unternehmen, private Haushalte und den Staat dient. Der Gewinn dieser normalen Bank ergibt sich aus der Differenz zwischen den aus den Krediten erzielten Zinsen gegenüber den an die Einleger ausbezahlten Zinsen. Die Schwerpunkte des der Gesamtwirtschaft dienenden Geschäftsmodells bilden die Verwaltung der verzinsten Einlagen, die Vergabe von Krediten an Kunden sowie eine verantwortungsvolle Vermögensbildung und Risikoabsicherung für Unternehmen, allerdings ohne den Einsatz von Zockerinstrumenten.

Heute dominieren mächtige Banken, die einerseits vor allem im Investmentbanking-Bereich für Kunden und vorrangig auch auf eigene Rechnung ohne Bezug auf die ökonomische Werthaltigkeit einen umfangreichen Handel mit hochriskanten Anlageprodukten managen. Andererseits wälzen sie die Verluste, die beim Zusammenbruch ihrer brandgefährlichen Investmentbanking-Aktivitäten entstehen, auf die Einlagen gebenden und Kredite nehmenden Normalkunden ab. Gegen diese Inhaftnahme aller Bankkunden richtet sich die Zerschlagung dieser volkswirtschaftlich nutzlosen Finanzmarktgeschäfte.

Nie mehr dürfen den Bankenkunden mit ihren Einlagen und Krediten die mit hochriskanten Spekulationsgeschäften im Bereich des Investmentbankings erzeugten Verluste aufgebürdet werden. Auch ist der Staat von dem Risiko, Banken retten zu müssen, weil sie zu groß und zu stark international vernetzt sind, zu befreien. Banken, die mit ihrem Zusammenbruch per Kettenreaktion das gesamte System zum Einsturz bringen können, haben sich die Zerschlagung verdient.

Das Investmentbanking muss auf ein verantwortbares Risiko reduziert und die verbleibenden Aktivitäten gegenüber den dienenden Funktionen abgeschottet werden. Dazu gehört vor allem die Abschaffung eines vom Risiko nicht mehr zu verantwortenden Eigenhandels, der durch die Banken ohne Auftrag von Kunden genutzt wird. Der Nobelpreisträger für Ökonomie und mutige Mahner Paul Krugman aus den USA hat provokant das Ziel dieser Schrumpfung vorgegeben: »Making banking boring«, macht die Banken durch die Rückkehr zu den genuinen Funktionen wieder stinklangweilig und das heißt seriös.

Die Neuordnung eines Bankensystems im Dienste einer

sozial und ökologisch nachhaltigen Wirtschaftsentwicklung muss in eine übergreifende Entmachtung der Finanzmärkte eingebunden werden. Verbote und strenge Gebote für fiktive, ökonomisch wertlose Anlageprodukte schmälern die Risikodimension der verbleibenden Kernbanken. Der Blick auf die Instrumente und Geschäfte zeigt: Die entfesselten Finanzmärkte, die 2008/2009 beinahe eine Weltwirtschaftskrise ausgelöst hätten, sind ökonomisch Teufelszeug, denn sie haben letztlich mit der Ökonomie der Wertschöpfung unter Einsatz menschlicher Arbeit nichts zu tun. Die möglicherweise für den einzelnen Anleger zumindest kurzfristig rationale Entscheidung, Finanzinnovationen zu kaufen, führt in der Gesamtwirkung zu einer Irrationalisierung des Wirtschaftens. Mit Wetten werden die Spielregeln der marktwirtschaftlichen Ordnung außer Kraft gesetzt. Im Klima wachsender Instabilität und sich zuspitzender Krisen wird am Ende die auf die Güter- und Dienstleistungsproduktion außerhalb des Finanzsektors konzentrierte Realwirtschaft schwer belastet. Die Banken transportieren über Wertberichtigungen und Abschreibungen die Verluste aus der Finanzmarktkrise über eine restriktive Vergabe von Krediten in die reale Produktionswirtschaft. Dafür steht das Phänomen der Kreditklemme.

Die Irrationalisierung des Wirtschaftens wird mit der Antwort auf die Frage, welche Produkte dort gehandelt werden, offensichtlich. Auf den Finanzmärkten sind vorwiegend Anlageprodukte im Einsatz, deren Bezug auf die ökonomische Wertschöpfung nicht mehr erkennbar ist, ja großteils von Anfang an nicht gegeben ist. Hochkomplizierte, vielfach verpackte Kunstprodukte werden ohne auch nur eine annähernde Kenntnis der darin angelegten Fäulnis durch Banken gehandelt und von Vermögensberatern an die Kunden gebracht. Genau hier springen die Ratingagenturen ein. Sie geben vor, die Informationslücke zu schließen. Dieser Rat kam vielen sehr teuer zu stehen – weil viele Zockerpapiere mit Bestnoten ausgezeichnet wurden. Die Informationstäuschung wurde zum lukrativen Geschäft der drei großen Ratingagenturen, die für ihre Fehlurteile bis heute nicht zur Rechenschaft gezogen wurden. Sie gehören zum System organisierter Verantwortungslosigkeit auf den Finanzmärkten.

Es wurden zahlreiche Finanzmarktprodukte geschaffen, die von Anfang an keinen Bezug zu irgendeinem ökonomischen Wert hatten. Diese Eigenschaft ökonomischer Wertlosigkeit trifft für alle Finanzmarktprodukte zu, mit denen ausschließlich Spekulationsgeschäfte auf der Basis verselbständigter Kurse und Renditen betrieben werden. Wer sich beispielsweise im Rahmen von Leergeschäften Aktien leiht, die er nicht einmal zu besitzen braucht, um diese später am Markt billiger einzukaufen und dem Verleiher zurückzugeben, hebelt die ohnehin schwierige Preisbildung auf den Börsen vollends aus. All diese Instrumente der irrealen Geldvermehrung unterscheiden sich von den dienenden Aufgaben der Finanzmärkte für die Unternehmen der Produktionswirtschaft, denn die Geldvermehrung erfolgt nicht durch den Einsatz von Geld über den Umweg produzierter Waren. Diese produktionsfundierte Geldvermehrung hat Karl Marx im ersten Band zum *Kapital* eindrucksvoll beschrieben: Bei Marx schlägt sich die Vermehrung des in der Produktion eingesetzten Kapitals im dadurch erzeugten Mehrwert nieder. Es geht um das durch den Einsatz von Geld in der Wirtschaft erzeugte Einkommen, das auf Gewinne und Arbeitseinkommen verteilt wird.

Kennzeichen des heute finanzmarktgetriebenen Kapitalismus ist die Spaltung des Geldes. Dem realen, durch die Produktionswirtschaft gedeckten Geld steht das irreale, fiktive Geld gegenüber – schaffendes Geld wird durch fiktives Geld überlagert. Dass durch diese Spekulationsgeschäfte eigenständig Werte entstehen würden, gehört zu den dümmsten Rechtfertigungen der Wettbüros und Spielkasinos in aller Welt.

Die Verantwortung für diese Dummheit liegt auch bei der vorherrschenden Beratungsökonomik, die im reinen Spekulationsgeschäft nur Gutes zu erkennen vermag. Weil die Theorie kaum über die Erklärung der Blasenbildung im Kontext der holländischen Tulpenkrise in den 1630er Jahren (Optionsscheine auf Tulpenzwiebelanteile) hinweggekommen ist, wird das völlig neue Absturzrisiko peinlich unterschätzt, ja ausgeschlossen. Im Gegenteil: Mit dem Platzen der Spekulationsblase offenbart sich deren Wert- und Substanzlosigkeit. Zuvor in die Höhe spekuliertes, fiktives Geld wird mit der Krise verbrannt.

Bliebe es bei dieser Vernichtung des ohnehin wertlosen Geldkapitals, wären die Folgen auf die Finanzinstitutionen begrenzt: Die naiven Vermögensillusionisten würden nur das verlieren, was sie mit Wertsubstanz eigentlich nie besessen haben. Jedoch, dieser Spuk bleibt nicht ohne Folgen für die Produktionswirtschaft außerhalb des Finanzsektors: Banken, die auf diese fiktive Geldvermehrung gesetzt haben, werden unter der Last der Wertberichtigungen und Abschreibungen zu Bremsern bei der Kreditvergabe und vertrauen sich wechselseitig nicht mehr. Hierin liegt der eigentliche Skandal der entfesselten Finanzmärkte: Nachdem sich die ökonomische Wertlosigkeit im Zuge der geplatzten Spekulationsblase manifestiert, wird in der

Folgewirkung die Produktionswirtschaft außerhalb der Finanzwelt in Mitleidenschaft gezogen. Die Geschäfts- modelle der heute extrem kurzsichtigen Finanzindustrie sind eine Kampfansage gegen den Kantschen Imperativ: Maximiere deinen Profit, egal ob andere dadurch geschä- digt werden.

Die jüngste Finanzmarktkrise hat brutal die Wirkungen dieser durch Gier getriebenen Geschäfte in der Spekula- tionssphäre auf die ökonomische und soziale Lage und die Politik deutlich gemacht. Warren Buffet war es, der von »Massenvernichtungsmitteln« sprach. Wegen der dadurch erzeugten Kollateralschäden müssen die Großbanken mit diesen Geschäftsfeldern zerschlagen und zugleich die wertlosen Spekulationsinstrumente verboten werden. Werden diese Waffen im Netz der Gier eingeschränkt be- ziehungsweise verboten, ist es umso einfacher, die Banken zu bändigen.

Die ökonomischen und sozialen Verluste, die Bedro- hung der Gesamtwirtschaft und der Verlust an gestalten- der Politik begründen den Handlungsbedarf für die Dop- pelstrategie »Zerschlagung der Banken plus Zivilisierung der Finanzmärkte«:
– *Banken:* Banken müssen auf die sich als wertlos er- weisenden Anlageprodukte Wertberichtigungen bezie- hungsweise Abschreibungen vornehmen. Die Folge sind sinkende Gewinne bis hin zu Existenz bedrohenden Verlusten. Auch schmilzt das vorzuhaltende Eigenkapi- tal, das als Risikopuffer eingesetzt werden soll. Allein in den USA sind in den letzten Jahren über 140 Banken pleitegegangen. In Deutschland gäbe es beispielswei- se die Commerzbank, die Hypo Real Estate sowie die HSH Nordbank nicht mehr, wäre der Staat nicht mit

Rettungspaketen eingesprungen. Soweit es sich um Institute handelt, denen eine strategische Bedeutung in der Gesamtwirtschaft zukommt, droht einem Dominoeffekt vergleichbar der Zusammenbruch des gesamten Bankensystems. Der Nachweis dieser Systemrelevanz von Banken innerhalb des Finanzmarktnetzes wird zur Voraussetzung für staatliche Hilfen. Unterbleibt die steuerfinanzierte Rettung, ist mit einem Zusammenbruch des Bankensystems mit schweren Folgen für die Produktionswirtschaft und Politik zu rechnen.

– *Produktionswirtschaft:* Die Bankenkrise bleibt – wie überhaupt die Finanzmarktkrise – nicht auf die dort Agierenden beschränkt. Vor allem durch die Banken werden Belastungen in Produktionswirtschaft außerhalb des Finanzwesens transportiert. Das zeigt sich an der unternehmensstrategisch wichtigen Kreditvergabe, denn die Banken geben ihre in der Bilanz erfassten Verluste im Zuge der Finanzmarktkrise per restriktiver Kreditpolitik weiter: Die Zinsen steigen, es werden normalerweise problemlose Kredite nicht gewährt. Durch diese »Kreditklemme« geraten auch kleine und mittlere auf Fremdfinanzierung angewiesene Unternehmen ohne aktives Zutun in den Absturzsog.

– *Kleinanleger:* Viele Kleinanleger, die ihren Vermögensbeständen etwa Zertifikate oder andere Spekulationsinstrumente beigemischt haben, zählen ebenfalls zu den Verlierern. Fehlberatung durch verantwortungslose Anlageberater, aber auch die Gier, mit hohen Renditen bei den Spekulationen dabei zu sein, verursachen die Verluste. Viele Gerichtsverfahren wegen einer durch Bonuszahlungen getriebenen Falschberatung haben klagenden Kunden recht gegeben.

– *Altersvorsorge:* Mit dem Absturz der Finanzmärkte stellt sich die Entscheidung über den Umbau einer ausreichenden gesetzlichen Sicherung vor allem im Alter durch die Nutzung der kapitalmarktfundierten individuellen Vorsorge völlig neu. Denn die Doktrin von der immerwährenden Ergiebigkeit und Effizienz der Finanzmärkte wurde spätestens durch die jüngste Krise widerlegt. Während die Reduktion der gesetzlichen Sicherung zur Altersarmut führt, nimmt die Abhängigkeit der privaten Kapitalvorsorge von den instabilen Finanzmärkten zu. Die ökonomische Sicherheit im Alter lässt sich durch die unsicheren, krisenanfälligen Finanzmarktprodukte nicht erreichen. Am Ende werden die Folgen dieser Teilprivatisierung sozialer Risiken durch den Staat über eine Ausweitung der existenziellen Grundsicherung dann doch wieder vergesellschaftet werden müssen. Die Ideologie von der Überlegenheit der kapitalmarktfundierten gegenüber der gesetzlich garantierten Alterssicherung ist schwer ramponiert.

– *Öffentliche Haushalte:* Bei den öffentlichen Haushalten werden immense Krisenkosten zur Rettung der als systemrelevant eingeschätzten Banken und damit des gesamten Bankensystems abgeladen. Schätzungen des Internationalen Währungsfonds (IWF) und der Organisation für wirtschaftliche Zusammenarbeit und Entwicklung (OECD) besagen, dass in den westlichen Industrieländern bei einem gesamten Haushaltsbudget von über 12,5 Billionen US-Dollar die gesamten Rettungskosten bis Ende 2011 auf 1,7 Billionen US-Dollar angestiegen sind. Diese öffentlich zu finanzierenden Krisenkosten setzen die Politik bei ihren öffentlichen Haushalten unter Druck. Zur Finanzierung stehen drei, auch kombinierbar einzusetzende Instrumente zur Verfügung: Kürzung von Ausgaben, Erhöhung von Abgaben sowie die Steigerung der Neuverschuldung. Am Ende muss die sozial schwache, alleinerziehende Mutter durch ein unzureichendes Angebot an Kindertagesstätten die Rechnung für die geplatzten Spekulationsgeschäfte auf den Finanzmärkten bezahlen.

– *Vertrauen:* Die Folgen der entfesselten Zockermentalität auf den Finanzmärkten erschüttern mittlerweile durch den Verlust an Vertrauen und Akzeptanz die Grundlagen der Wirtschaft und Politik. Das viel gepriesene Konzept der Sozialen Marktwirtschaft droht durch die Realität eines gierigen und damit inhumanen Finanzmarktsystems der Lächerlichkeit preisgegeben zu werden. Die wichtigste Legitimationsressource schwindet: das Vertrauen. Politik verliert durch die erkannte Hilflosigkeit ebenso wie durch das ohnmächtige Getriebensein über die mächtigen Finanzmärkte ihre Akzeptanz. In den diffusen Strukturen der Finanzmärkte wird eine besondere Gruppe von Übeltätern gegeißelt: Das sind in toto die Banken, auf welche die Wut als Verantwortliche der Krise riesig ist. Der Frust gegenüber den Banken ist so groß, dass eine Differenzierung zwischen unterschiedlichen Banken und Geschäftsmodellen kaum noch stattfindet. Die früher durchaus noch als ehrenwert wahrgenommenen Bankiers scheinen in die schäbig-gierige und seelenlose Klasse der Banker, denen im Interesse ihrer Bonus-Maximierung so ziemlich alles zugetraut wird, abgestiegen zu sein. Dazu gehören auch die Analysten, die skrupellos ihre Gier ausleben und auch das Risiko des Absturzes eines Kunden kalkulieren. Durch den allgemeinen Vertrauensverlust trifft die Schelte die Banker und Anlageberater gleichermaßen. Ein Berufsstand gerät unter Generalverdacht, denn die wenigen warnenden Banker wurden in diesem Klima nicht wahrgenommen. Zur Wahrheit gehört aber auch, dass vorsichtige Anlagenberater von ihren gewinnorientierten Kunden mit der Drohung, die Bank zu wechseln, unter Druck gesetzt wurden. Die überwiegende Zahl der »Söldner der Finanzmärkte« verfolgte geradezu zwanghaft das Ziel, die Gewinne gegenüber dem eingesetzten Kapital ohne Rücksicht auf Nachhaltigkeit durchzusetzen.

– *Transparenz:* Der Stoff der Finanzmärkte eignet sich für Verschwörungstheorien jeglicher Art. Einerseits werden mangels Transparenz die wenigen geheimnisvollen Finanzoligarchen, welche die Welt beherrschen und demokratische Systeme bedrohen, mit wilden Spekulationen überzogen, andererseits schafft die gepflegte Anonymität große Spielräume für unseriöse Geschäfte mit Finanzmarktprodukten. Wenn der Metzger die Gesundheit belastendes Fleisch anbietet, erhöht das real identifizierbare Produkt die Wahrscheinlichkeit, dass der Skandal (leider immer noch zu spät) aufgedeckt wird. Bei virtuellen, künstlich erzeugten Finanzmarktprodukten dominieren Intransparenz und Anonymität auf den Märkten, die ausgenutzt werden. In Forschungsarbeiten zur verhaltensorientierten Finanzwissenschaft (»Behavorial Finance«) wurde gezeigt, wie auf den intransparenten Finanzmärkten, die einer Blackbox vergleichbar sind, sich die Akteure bei ihren krummen Geschäften unbeobachtet fühlen und damit geradezu ein Anreiz für Betrug geschaffen wird.

– *Interbankenmarkt:* Der Vertrauensverlust macht selbst vor den Banken nicht halt: Sie leihen sich kurzfristig kein Geld, weil sie nicht wissen, in welchem Umfang Schrottpapiere und faule Kredite ihre Geschäftspartner belasten. Damit kommt der Interbankenmarkt, das Nervensystem der Geldwirtschaft zum Erliegen, und es fehlt die Liquidität, die zur Kreditvergabe erforderlich ist. Es droht eine Kreditklemme, immer wieder muss die Europäische Zentralbank ersatzweise durch unkonventionelle Maßnahmen dem Bankensystem die erforderliche Liquidität zur Verfügung stellen. Die schnelle Geldversorgung der Banken über Nacht wird beeinträchtigt. Banken ziehen es vor, ihre Überschüsse bei der Notenbank selbst zu niedrigen Zinssätzen zu platzieren. Die Notenbank wird in eine Helferrolle gezwungen, um den Interbankenmarkt aufzufangen. Ende 2011 war der Zusammenbruch des Interbankenmarktes besonders intensiv: Wechselseitiges Misstrauen zwischen den Banken entstand wegen der abgewerteten Staatsanleihen von Eurokrisenländern in der Bilanz. Um eine Kreditklemme zu vermeiden, sah sich die Europäische Zentralbank gezwungen, 500 Milliarden Euro den Banken mit drei Jahreskrediten auszuleihen.

Die Zockergeschäfte auf den Finanzmärkten sowie die beim Platzen der Spekulationsblase ausgelösten Belastungen haben längst das Vertrauen in die Grundfesten des kapitalistischen Wirtschaftens tief erschüttert. Die entfesselten Finanzmärkte sind zum Sprengsatz für die ohnehin labile Legitimation des Wirtschaftssystems geworden. Die bitteren Folgen für die Produktionswirtschaft sind unübersehbar: Krisenängste führen zusammen mit zu niedrigen Masseneinkommen zum anhaltenden Konsumattentismus, das heißt, die Bereitschaft, Geld auszugeben, wird gedämpft. Auch die Investitionsbereitschaft der Unternehmen wird belastet: Anstatt zu riskanten Investitionen bereit zu sein, ist mit Blick auf die instabilen Finanzmärkte eine auffällige Zurückhaltung bei den Unternehmen erkennbar. Die von Zukunftserwartungen abhängige Innovationsbereitschaft wird durch Unsicherheit und Ängste gebremst. Die schwelende Finanzmarktkrise drängt den Unternehmer aus der »schöpferischen Zerstörung« (Joseph Alois Schumpeter) in die Rolle des verängstigten, gegenüber Risiken aversen »statischen Wirt«. Die Vertrauenskrise erfasst über die Banken und die reale Produktionswirtschaft hinaus das politische System. Die Ursachen der Systemkrise werden bei der handlungsunfähigen Politik ausgemacht. Es gibt zwei Gründe, warum die Politik ein atemraubend schneller Akzeptanzverlust getroffen hat: Zum einen wird der Politik maßgeblich Schuld an dieser Misere zugewiesen, denn unter dem Druck der mächtigen Banken mit ihren Verbänden ist bewusst auf ordnende Spielregeln verzichtet worden. Die Entfesselung der Finanzmärkte wird zu Recht als massives Politikversagen wahrgenommen. Zum anderen übernimmt die Politik die milliardenschwere Rettung des Bankensystems aus der Krise, ohne eine grundlegende Neuordnung der Finanzinstitutionen zur Vermeidung der Systemmängel voranzutreiben. In der Krisenphase werden die Verluste sozialisiert, um nach der Rettung die dann wieder privatisierten Gewinne sprudeln zu lassen. Am Ende wird die Rechnung aus dem Zusammenspiel von Politik und Finanzmarktakteuren dem Steuerzahler aufgebürdet. Politik wird durch die breite Öffentlichkeit als willfähriger Büttel für die Interessen der Finanzmärkte wahrgenommen.

Die Zeit, dieser Systemgefährdung durch die entfesselten Finanzmärkte ein Ende zu setzen, ist sehr knapp. Es scheint fast schon zu spät, die durch die Finanzmärkte freigesetzten Selbstzerstörungskräfte zu bändigen. Es darf nicht sein, dass nach dem Einsatz von öffentlichen Rettungsprogrammen die Großbanken und Mega-Finanzfonds ihre alten Geschäfte wieder fortführen, so als sei nichts geschehen. Um auf den Pfad einer nachhaltigen ökonomischen, sozialen und ökologischen Wirtschaftsentwicklung einzuschwenken, muss das dem finanzmarktgetriebenen Kapitalismus eingepflanzte Prinzip der spekulativen Geldvermehrung durch Geld abgeschafft werden, denn von der Produktionswirtschaft abgekoppelte Zockerinstrumente schaffen keine Werte. Im Gegenteil: Mit ihrem Absturz wirken sie zerstörerisch.

Aus all diesen Gründen ergeben sich sieben Thesen zur Zerschlagung der schädlichen Dominanz der Finanzmarkt-Mächte:

1. *Großbanken müssen zerschlagen werden.* Heute bilden die Großbanken systemgefährdende Knoten im Netz der Finanzmärkte. Banken besitzen, etwa im Vergleich zur Auto- oder Stahlproduktion, eine Sonderstellung in der Gesamtwirtschaft. Wenn sie wegen ihrer aggressiven Geschäftspolitik in eine Krise geraten, erzeugen sie über ihre Tätigkeitsfelder hinaus externe Effekte, also Belastungen für die gesamte Wirtschaft und Politik. Die Produktion der Dienstleistungen der Banken rückt in die Nähe öffentlicher Güter. Soweit diese Produktion privatwirtschaftlich unter dem Ziel der Renditeoptimierung läuft, muss der Staat zumindest die Spielregeln und Ordnungsstrukturen unerbittlich sicherstellen. Die wichtigste Ordnungsaufgabe ist deshalb die Zerschlagung der Zockerabteilung der Banken. Das Bankensystem muss auf die dienenden, genuinen Aufgaben

reduziert werden. Keine Bank darf jemals wieder so groß und derart international vernetzt sein, dass sie im Falle der Pleite wegen absehbarer Dominoeffekte durch die Staaten gerettet werden muss. Dazu gehört einerseits die Reduktion der Geschäfte im Rahmen des Investmentbankings sowie andererseits die Abschottung der dort getätigten Geschäfte gegenüber den normalen Bankenkunden (»Ring-Fencing«). Schließlich müssen die Risiken der Geschäfte erkennbar sein und diese durch ausreichendes Kernkapital in der Bankbilanz abgesichert werden. Das aus der Sicht des Neoliberalismus scharf kritisierte Drei-Säulen-Modell des deutschen Bankensystems weist ordnungspolitisch in die richtige Richtung. Genossenschafts- und Raiffeisenbanken auf der Basis genossenschaftlichen Eigentums zusammen mit den vorwiegend kommunal ausgerichteten Sparkassen stehen den privatwirtschaftlich ausgerichteten Großbanken gegenüber. Die Finanzierungsaufgaben der genossenschaftlichen und öffentlich-rechtlichen Banken dienen der Unternehmenswirtschaft, den privaten Haushalten und den staatlichen Einrichtungen durch Einlagen- und Kreditgeschäfte zusammen mit einer seriösen Vermögensverwaltung vor Ort. Sie sorgen für eine intakte Bankeninfrastruktur in der Region. Die Zerschlagung der Banken zielt auf die »schöpferische Zerstörung« (Joseph Alois Schumpeter), aus der eine neue Bankenordnung entstehen soll.

2. *Schattenbanken müssen umgehend erfasst, reguliert und kontrolliert werden.* Schattenbanken sind Finanzinstitute, die nicht der offiziellen Regulierung unterliegen. Dazu zählen die heuschreckenartig auftretenden Hedgefonds und Private-Equity-Fonds sowie die

neuerdings ausgelagerten Quasi-Investmentbanken. Durch die allerdings noch viel zu geringen Regulierungsmaßnahmen ist eine verstärkte Flucht aus dem offiziellen Bankensektor in derzeit völlig unregulierte und unkontrollierte Schattenbanken zu beobachten. So ist in den USA auf den Erlass notwendiger Spielregeln eine Verlagerung der Investmentbanking-Aufgaben in neue, unregulierte Finanzinstitute erfolgt. Der Internationale Währungsfonds sowie die Obama-Administration sehen hier ein neues, noch gewaltigeres, weil völlig unreguliertes Krisenzentrum heranwachsen. Schattenbanken müssen umgehend erfasst, reguliert und kontrolliert werden.

3. *Die Finanzmärkte müssen durch klare ordnungspolitische Spielregeln entmachtet werden.* Was im Fußballspiel beim Einsatz nicht bestochener Schiedsrichter gilt, lässt sich auf die Finanzmärkte übertragen: Wer foult, verstößt gegen die Spielregeln und wird deshalb vom Platz gestellt. Die Krisenerfahrung lehrt, dass sich der am 27. Oktober 1986 durch die britische Premierministerin Margaret Thatcher eingesetzte Big Bang zur Deregulierung des Finanzplatzes London als einer der größten Fehler erweist. Auch die weiteren Schritte zu einer weltweiten Entfesselung der Finanzmärkte müssen aufgehoben werden. Hierzu zählen mehrere Maßnahme, die Bill Clinton zu verantworten hat: zuerst der 1999 durchgesetzte Gramm-Leach-Bliley-Act. Unter dem Dach einer Bank wurden wieder alle Finanzgeschäfte zugelassen und die von der ökonomischen Wertschöpfung abgetrennten Derivate von jeglicher Kontrolle freigestellt. Im Mittelpunkt stehen neben Geboten vor allem Verbote von Spekulationsinstrumenten, die kei-

nen Bezug zur ökonomischen Wertschöpfung haben, aber diese am Ende in den Abgrund reißen können: Zu verbieten sind die nicht durch Aktien oder Kredite gedeckten Leerverkäufe, mit denen zur Profiterzielung die Preisbildung an den Börsen irrationalisiert wird. Auch dürfen künftig nicht mehr Geschäfte völlig unkontrolliert außerhalb der Börse (»over the counter«) getätigt werden. Endlich muss der Grundsatz, dem auf dem G-20-Gipfel im Frühjahr 2009 in London zugestimmt wurde, weltweit realisiert werden: Alle Produkte und alle Institutionen auf den Finanzmärkten sind zu regulieren und kontrollieren. Auf der Agenda der Regulierungen steht die Schaffung eines gesetzlichen Rahmens für Vergütung der Bankenmanager vor allem durch Bonus-Regelungen: Für Banker darf sich die Spekulation auf hohe Gewinne durch riskante Geschäfte, an denen sie per Bonus-Zahlungen partizipieren, nicht mehr lohnen. Klare und konsequent überprüfte Spielregeln bieten die beste Möglichkeit, die Gier nach schnellen und hohen Spekulationsgewinnen durch Zockergeschäfte zu bändigen.

4. *Ein funktionsfähiges Aufsichtssystem für die Akteure auf den Finanzmärkten auf der Basis strenger Regeln ist erforderlich.* Den zuständigen Instanzen müssen uneingeschränkte Möglichkeiten der Kontrollen sowie im Falle einer Regelverletzung ein Klagerecht eingeräumt werden. Die staatliche Aufsicht sollte dazu beitragen, das verlorene Vertrauen in die Banken zurückzugewinnen, denn Aufsicht und Kontrolle schaffen Transparenz. Um der Globalisierung der Finanzmärkte Rechnung zu tragen, sollten zumindest Grundregeln für alle Staaten festgelegt werden.

5. *Ratingagenturen müssen entmachtet werden.* Finanzmärkte versagen auch wegen der extrem unterschiedlich verteilten Informationen zwischen den Erzeugern, den Käufern und Verkäufern von Anlageprodukten. Kunden, denen ein Finanzmarktprodukt angeboten wird, erhalten keine ausreichenden Informationen über deren Risiken. Viele Anlageberater, welche die Risiken komplexer Finanzprodukte überhaupt nicht kennen können, erwecken dennoch oft den Eindruck vollständiger Information und zielen auf die hochgradig riskanten Renditen ab. Um die durch Anonymität und Intransparenz produzierten Informationsasymmetrien zu überwinden, gibt es Ratingagenturen. Der Markt wird dabei durch die drei großen Anbieter Standard & Poor's, Fitch und Moody's oligopolistisch dominiert. Diese Ratingagenturen sind durch einen tiefen Widerspruch geprägt. Einerseits wird mit dem Gut Informationserzeugung eine quasi-staatliche Aufgabe wahrgenommen; insoweit handelt es sich um ein öffentliches Gut. Andererseits verdienen die Ratingagenturen an Geschäften mit den Unternehmen, die sie bewerten und deren Produkte sie benoten sollen. Dieser, wie die Praxis zeigt, kaum überwindbare Interessenkonflikt lässt nur einen Schluss zu: Die Ratingagenturen müssen entmachtet werden. Ein wichtiger Schritt ist die Abschaffung der derzeit noch geltenden »regulatorischen Lizenz«: Staatliche Regulierungen etwa bei der Erfassung der risikogewichteten Forderungen einer Bank gegenüber dem Eigenkapital müssen von der Bindung an die Ratingurteile befreit werden. Der ehemalige Präsident der Europäischen Zentralbank (EZB), Jean Claude Trichet, hat einen wichtigen Schritt gewagt: Um die Finanzmärkte zu

stabilisieren und die Spekulanten zu bremsen, hat er Staatsanleihen mit schlechten Noten aus den Euro-Krisenländern aufgekauft. Über diese Entmachtung der Ratingagenturen hinaus sollte auf der Angebotsseite mehr Wettbewerb hergestellt werden: In Erwägung zu ziehen ist die Gründung einer politisch und ökonomisch unabhängigen Ratingagentur für die Europäische Union.

6. *Vorrang der ökonomischen Wertschöpfung gegenüber dem spekulativen Kapital.* Die Produktionswirtschaft braucht wieder Vorrang vor der Finanzwirtschaft. Die Neuordnung des Bankensystems sowie der Finanzmärkte dient der Stärkung der Produktionswirtschaft außerhalb der Finanzinstitutionen, denn mit der Spaltung zwischen realem und fiktivem Geld ist die ökonomische Wertschöpfung durch den Einsatz menschlicher Arbeit schwer belastet worden. Mit der Zerschlagung der Banken rücken wieder Sachinvestitionen in die Zukunft und Innovationen ins Zentrum. Auch wird durch die Entmachtung der Finanzmärkte der Einfluss der Megafonds auf die Renditeerwartungen von Produktionsunternehmen gestoppt. Künftig darf es nicht sein, dass ein Hedgefonds Produktionsunternehmen kauft oder finanziert, um später ohne Rücksicht auf das Unternehmen die viel zu hohen Renditeerwartungen der Finanzanleger zu befriedigen. Über die angemessenen Renditen muss unter Beteiligung der Beschäftigten in den Produktionsunternehmen selbst entschieden werden. Es geht darum, der Produktionswirtschaft wieder Vorrang gegenüber den machtvollen Finanzmärkten einzuräumen.

7. *Hegemonie gestaltender Politik über Finanzmarktherrschaft zurückgewinnen.* Der Politik stellt sich eine dop-

pelte Aufgabe: Sie muss aus der Demokratie gefährdenden Abhängigkeit von den Finanzmarktmonopolen befreit werden. Politik darf nicht mehr zum Erfüllungsgehilfen ökonomischer Macht- und Profitinteressen missbraucht werden. Insoweit ist die Herstellung des Primats der Politik auch ein Beitrag zur Demokratisierung der Ziele und Rahmenbedingungen des Wirtschaftens. Hinzukommen muss der Ausbau der Demokratisierung in den Unternehmen. Es geht um ein in die Gesellschaft eingebettetes, durch Demokratie fundiertes Wirtschaftssystem, in dem Spekulationen mit Zockerinstrumenten keinen Platz haben. Die Vision eines zukunftsfähigen Bankensystems, das seine dienenden Funktionen auf die Regionen und vor Ort konzentriert, gehört zur Vermeidung künftiger Finanzmarktkrisen.

Diese sieben Thesen werden in den folgenden Kapiteln begründet und am Ende zu einem machbaren Konzept der Zerschlagung der Spekulationsabteilungen der Großbanken zugunsten eines entmachteten Bankensystems zusammengefasst.

1
Das Elend des finanzmarktgetriebenen Kapitalismus

Ursachen, Instrumente, Profiteure

Wenn man nach den Ursachen für den Machtzuwachs der Großbanken und für deren Konzentration auf das riskante Investmentbanking – auch auf eigene Rechnung – sucht, gerät die epochale Entfesselung des Finanzmarktsystems ins Visier. Traditionell wurden auf den Finanzmärkten Aktien, Staatsanleihen, Geld, Derivate und Instrumente zur normalen Risikoabsicherung gehandelt. Heute steht der Begriff Finanzmärkte vorrangig für den Handel mit Spekulationsinstrumenten, die sich von der realen Produktionswirtschaft völlig entkoppelt haben. Deren Dimensionen gehen weit über die mit der realen Produktion verbundenen Finanzierungsvorgänge hinaus.

Seit Ende der 1980er Jahre haben sich die Geschäfte auf den Finanzmärkten von denen der realen Produktionswirtschaft immer stärker gelöst und verselbständigt. Die klassische Vorstellung, die Finanzmärkte dienten der realen Produktionswirtschaft, hat an Bedeutung eingebüßt. Durch die Entfesselung der Finanzmärkte hat sich der zuvor dominierende Kapitalismus mit dem Zentrum der Profiterzielung in der realwirtschaftlichen Produktion gehörig verändert: Die Jagd nach schnellen und hohen Renditen auf den Finanzmärkten dominiert, fiktives Geld verdrängt ökonomische Werte schaffendes Geld.

Mit diesem Bedeutungsverlust der ökonomischen Wertschöpfung durch menschliche Arbeit hat sich in den Industriestaaten mit ihren Finanzmetropolen ein stark finanzmarktgetriebener Kapitalismus durchgesetzt. Der weltweit hoch anerkannte Interpret dieser Deformation, Altbundeskanzler Helmut Schmidt, spricht wegen der auf den Finanzmärkten freigesetzten, allgegenwärtigen Gier und Aggressivität bei der Jagd nach Profiten von »Raubtierkapitalismus«. Im Mittelpunkt stehen als Profiteure, aber am Ende auch als Verlierer, die Großbanken. Wie konnte es dazu kommen? Was sind die Triebkräfte und Instrumente? Hat sich der Kapitalismus mit sich ständig wiederholenden Spekulationsblasen ein neues, nur noch schwer zu bewältigendes Krisenpotential, mit dem ein nachhaltiges Wirtschaften nicht möglich ist, geschaffen?

Flucht aus der Produktionswirtschaft
Sucht nach spekulativen Finanzmarktrenditen

Es gibt zahlreiche Daten, die den seit Ende der 1980er Jahre voranschreitenden Bedeutungsgewinn der Geschäfte auf den Finanzmärkten gegenüber der Finanzierung der realen ökonomischen Produktion von Gütern und Dienstleistungen belegen: Gegenüber 1990 ist die Weltproduktion in 2008 um das 2,5-fache gestiegen, das auf den Finanzmärkten geschaffene Anlagevermögen im gleichen Zeitraum um das 4,6-fache. Allein das verwaltete Vermögen unter der Regie von Hedgefonds, den weltweiten Kapitalsammelstellen für Vermögende, ist vom 1,8-fachen der Weltproduktion (22 Billionen US-Dollar) auf das 30,4-fache in 2010 explodiert. Der Weltproduktion mit etwa 63 Billionen US-Dollar steht ein Vermögen unter dem Dach von Hedgefonds mit 1744 Billionen US-Dollar gegenüber. Diese gigantische Akkumulation in der Finanzsphäre führt spiegelbildlich zum Entzug von Investitionen in die Produktionswirtschaft sowie von öffentlichen Investitionen zur Stärkung der Infrastruktur.

Der Blick auf die tagtäglich betriebenen Finanzmarktgeschäfte zeigt, dass das Spekulationsmotiv bedrohlich an Bedeutung gewonnen hat. Das Volumen der gesamten Finanztransaktionen ist mittlerweile 75-mal so hoch wie die Weltproduktion. Dazu tragen die Spekulationsgeschäfte mit Aktien und Bonds bei. 1990 lagen die Umsätze noch bei 0,4 Prozent der Weltproduktion, 2010 bei 1,3 Prozent. Nach Angaben der OECD lag 2010 weltweit der Umsatz an Derivaten, also Finanzmarktprodukten ohne direkten Bezug zur realwirtschaftlichen Produktion, zehnmal so hoch wie das Weltbruttoinlandsprodukt; 1990 war es nur das Fünffache. Besonders stark zeigt sich der reine spekulative Handel mit Devisen: 2010 belief sich der Umsatz am Devisenmarkt bei 250 Handelstagen auf 1 Billiarde US-Dollar. 1990 waren es nur 1,7 Billionen. Dass es sich hier nur im geringen Umfang um Geschäfte im Rahmen der notwendigen Risikoabsicherung von Wechselkursschwankungen handelt, zeigt die folgende Relation: 2010 waren die Devisenumsätze 55,5-mal so hoch wie der gesamte weltweite Export an Gütern und Dienstleistungen (18 Billionen US-Dollar). Die gesamten Devisenumsätze überstiegen 2010 mit 955 Billionen US-Dollar die Weltproduktion um mehr als das Fünfzehnfache. Die Banken sind beim Handel mit diesen Spekulationsinstrumenten immer dabei.

Kreation von Zockerpapieren: Finanzalchemisten am Werk

Der weit über den Finanzierungsbedarf der Produktionswirtschaft hinausschießende Handel auf den Finanzmärkten verlangt nach einer Erklärung, denn offensichtlich hat sich der Zweck der Finanzmarktinstrumente vom Bedarf der Produktionswirtschaft entkoppelt. Traditionelle Finanzierungsinstrumente der Produktionswirtschaft sind Aktien und Anleihen, aber auch Absicherungsgeschäfte gegen künftige Risiken, die aus der ökonomischen Tätigkeit begründet sind und der Risikominimierung dienen. Bei Devisenabsicherungsgeschäften beispielsweise spielen Swaps eine große Rolle, mit denen sich ein Unternehmen, das erst in mehreren Monaten Rechnungen auf US-Dollar-Basis an einen Importeur zahlen muss, mit einem bereits heute fixierten Wechselkurs vor Kursschwankungen schützt.

Infolge des wachsenden Drucks, den institutionellen und privaten Anlegern sowie insbesondere den Banken lukrative Erträge zu ermöglichen, reichten die traditionellen Finanzierungsinstrumente jedoch nicht mehr aus. Auf der Basis äußerst komplexer, jedoch oft untauglicher mathematischer Modelle wurden sogenannte Finanzmarktinnovationen geschaffen. Erst während der Finanzmarktkrise sollten sich diese zuvor hoch gelobten Innovationen als »toxische« Produkte, als schlichter Schrott, entpuppen. Bei dieser neuen Generation an Finanzmarktpapieren steht nicht der Gewinn aus der ökonomischen Produktion im Vordergrund, vielmehr dominiert die Spekulation auf die künftige Preis-, Kurs- und Zinsentwicklung. Die wichtigste Gruppe dieser Spekulationsinstrumente bilden Derivate. Wie der Begriff selbst nahelegt, handelt es sich um von den Basiswerten abgeleitete Anlageprodukte. Die Basis bilden Aktien, Anleihen, Zinsen und auch Rohstoffe. Spekuliert wird auf deren Veränderung in der Zukunft. Damit handelt es sich schlichtweg um Wetten. Im Unterschied zum Einsatz an den Roulettetischen im Spielkasino wird jedoch versucht, auf die künftige Preis- und Kursentwicklung strategisch Einfluss zu nehmen. Dem nach schnellen und hohen Renditen heischenden Finanzkapital werden Wetten auf später veränderte Preise in der Hoffnung auf spätere Gewinne angeboten. Bei der Kreation dieser »Finanzinnovationen« waren Finanzalchemisten am Werk. Sie suggerierten, Gold dadurch zu erzeugen, indem sie Steine mit goldener Farbe überzogen.

Solche Geschäfte spielen vorübergehend hohe Renditen ein, doch hinter dem Rücken der Kurzfristprofiteure baut sich eine Spekulationsblase auf. Irgendwann fliegt der Schwindel auf. Bereits ein kleinstes Signal – etwa eine negative Börsennachricht – reicht zu deren Platzen aus. Die Verluste bleiben nicht auf die Spekulanten begrenzt: Das gesamte Finanzsystem gerät in die Krise, die schließlich auf die Produktionswirtschaft durchschlägt. Hier zeigt sich der Unterschied zwischen faulen Finanzmarktprodukten und faulen Äpfeln: Verfault ein Apfel im Eigentum des Käufers, muss das den Apfelmarkt nicht kümmern. Bei einem faulen Kredit ist das anders: Am Ende kann auch der Verkäufer über die abgestürzten Märkte in den Abgrund gerissen werden.[1] Ursache ist die systemische Rolle innerhalb einer voneinander abhängigen Wirtschaft.

---

[1] Helge Peukert, »Warum wir ein neues Finanzsystem brauchen?«, in: *Mitbestimmung*, Dezember 2011.

Der Großmogul der Finanzinvestoren, Warren Buffet, degradierte schon 2002 im Jahresbericht seiner Firma Berkshire Hathaway die Derivate zu »finanziellen Massenvernichtungsmitteln«. An deren Kreation und dem Handel abstrakten Geldes mit drohenden volkswirtschaftlichen Schäden sind maßgeblich die Investmentbanken als Waffenschmieden beteiligt. Sie treiben auf eigene Rechnung einen schwindelerregenden Handel mit diesen Spekulationsinstrumenten. Dazu zählen auch die strukturierten Wertpapiere auf der Basis auch maroder Kredite. Hinzu kommen Kreditausfallversicherungen, gedeckte und ungedeckte Leerverkäufe sowie Zertifikate.

Vermögende auf der Suche nach Finanzmarktprodukten

Das Erstaunen über die auf den Finanzmärkten bewegten Kapitalmassen ist riesig. Die Frage allerdings, wer mit welchen Interessen die Expansion dieser schwindelerregenden Anlagemöglichkeiten vorangetrieben hat, wird viel zu wenig gestellt.[2] Die Antwort öffnet den Blick auf die dahinterstehende Ausweitung des Einkommens- und Vermögensreichtum. Die Reichtumsfrage lautet: Wie kann das Vermögen mit hohen Renditen unter Risiko rentabel angelegt werden? Die gigantischen Volumina der von der realen Produktion entkoppelten Geschäfte auf den Geld- und Kapitalmärkten weisen auf zwei zusammenhängende

---

[2] Auf diesen Aspekt hat allerdings die Arbeitsgruppe Alternative Wirtschaftspolitik immer wieder hingewiesen: Arbeitsgruppe Alternative Wirtschaftspolitik, *Memorandum* 2009: »Von der Krise in den Absturz? Stabilisierung, Umbau, Demokratisierung«, Kapitel 2 »Super-Gau der Finanzmärkte«, Köln, 2009.

Ursachen hin: Einerseits ist genügend Kapital zum spekulativen Einsatz vorhanden, andererseits sind erst durch die Deregulierung dieser Märkte die Tore zur Finanzwelt für anlagesuchende Investoren geöffnet worden.

Doch warum sucht Finanzkapital weltweit profitable Anlagen? Einige Gründe sind in außenwirtschaftlichen Ungleichgewichten zu finden: Überschussländer wie Deutschland oder China, die erheblich mehr an Gütern und Dienstleistungen exportieren, als sie importieren, handeln sich riesige Einkünfte ein, die auf den Finanzmärkten angelegt werden. Spiegelbildlich zu den Exportüberschüssen werden die Importländer zum Schuldenaufbau gezwungen. Würden aber die Exportüberschüsse abgebaut, ließe sich der Run mit den Überschussgeldern auf die Finanzmärkte bremsen. Deutschland sollte deshalb im Interesse der Reduktion von Spekulationsgeschäften die Führungsrolle beim Abbau exorbitanter Überschüsse an Exporten von Gütern und Dienstleistungen gegenüber den Importen übernehmen. Doch derzeit liegt die Differenz zwischen Exporten und Importen an Waren bezogen auf das Bruttoinlandsprodukt bei 7 Prozent.

Ein entscheidender Grund für die expandierenden Finanzmärkte liegt in der weltweit zu beobachtenden gigantischen Vermögenskonzentration. Vermögen erzeugt durch die daraus erzielten Einkünfte wieder neues Vermögen. Und das führt für Anleger zwangsläufig zu der Frage: Wo sind schnell hohe Renditen zu erzielen? Die Reproduktion der Vermögenden schafft Nachfrage für die verrücktesten, am Ende irrealen Finanzanlagen. Insoweit würde eine Dekonzentration von Vermögen, auch durch Umverteilung, dazu beitragen, den irrationalen Druck auf die Finanzmärkte zu reduzieren.

Ein Quell der ungleichen Vermögensverteilung liegt in der Einkommensverteilung. Hier wiederum steht die ungleiche Teilhabe von Arbeit und Kapital an der ökonomischen Wertschöpfung im Mittelpunkt. Im Trend sind die Unternehmensgewinne in Deutschland gegenüber den Arbeitseinkommen über viele Jahre stark gestiegen. Spiegelbildlich mussten, wie die Entwicklung der Lohnquote zeigt, die Bezieher von Erwerbseinkommen gegenüber der ökonomischen Wertschöpfung deutliche Verluste hinnehmen. Dazu trug nicht nur die in den letzten Jahren recht moderate Tariflohnpolitik bei, auch die wachsende Zahl an Beschäftigten im Niedriglohnsektor gegenüber den Vollzeitbeschäftigten hat die Umverteilung zugunsten der Gewinne vorangetrieben. Wären die derzeit über 7 Millionen Beschäftigten im Niedriglohnsektor in tariflich bezahlter Vollzeitarbeit, wäre die Lohnsumme deutlich gewachsen.

Die marktorthodoxe, neoliberale Rechtfertigung behauptet, die durch sinkende Lohnkosten steigenden Gewinne würden zur Ausweitung der unternehmerischen Sachinvestitionen und schließlich zur Schaffung neuer Jobs führen. Davon kann keine Rede sein. So ist der Anteil der Gewinne, die für die Finanzierung von Sachinvestitionen genutzt werden, zurückgegangen. Wieder einmal folgt die Wirklichkeit nicht den neoliberalen Versprechungen für eine zurückhaltende Lohnpolitik. Nachdem jedoch gegenüber den Gewinnen das Engagement für Sachinvestitionen zurückgegangen ist, stellt sich die Frage nach der Verwendung der freien Profite. Sicherlich wurde ein Teil zum Abbau von Schulden und zur Restrukturierung der Unternehmen genutzt, der überwiegende Teil der verbleibenden Unternehmensgewinne wanderte jedoch auf die Finanzmärkte. Auch Unternehmen in der Produktionswirtschaft ziehen es vor, mit ihren Mitteln an den Tischen des internationalen Spielkasinos Platz zu nehmen. Schließlich winken dort oftmals ohne den harten Job der Produktion von Waren und Dienstleistungen zumindest kurzfristig hohe Renditen. Die Renditeerwartungen im Vergleich zwischen produktivem Kapital und Geldkapital spielen die entscheidende Rolle. Auf den Finanzmärkten sind unter bestimmten Bedingungen erst einmal spekulativ höhere Renditen im Vergleich zu denen aus Sachinvestitionen zu erwarten.

Mit dieser kurzfristig ausgerichteten Gier werden jedoch die mittelfristigen Krisenfolgen bei der Anlageentscheidung ausgeblendet. Unternehmer an den Spieltischen des Kasinokapitalismus sollten wissen, dass sie aktiv zur Aufblähung der Finanzmärkte beitragen. Für die Folgen der irgendwann platzenden Spekulationsblase sind sie mitverantwortlich, denn die auf den Finanzmärkten eingesetzten Gewinne tragen zur Instabilität und Krisenanfälligkeit des Gesamtsystems sowie am Ende zu Produktionseinbußen und Arbeitsplatzverlusten bei. Für künftige Tarifverhandlungen ist die verdrängte Überlegung wichtig: Wären die Unternehmensgewinne durch Lohnsteigerungen langsamer gestiegen, wäre der Einsatz von Spekulationskapital auf den Finanzmärkten zumindest gedämpft worden und eher in beschäftigungsrelevante Sachinvestitionen geflossen. Umverteilung zugunsten der Arbeitseinkommen entschärft also das virulente Krisenrisiko im Kasinokapitalismus einerseits, andererseits trägt diese zur Stärkung der Binnenwirtschaft gegenüber der überdimensionierten Exportwirtschaft bei.

Die explosionsartige Ausdehnung der Anlagegeschäfte auf den Finanzmärkten ist schließlich eine Folge einer massiven Vermögenskonzentration. Während sich die

Vermögen auf eine kleine Schicht konzentrieren, steigt der Anteil derjenigen, die über wenig oder kein Vermögen verfügen und sich vielleicht sogar in einer Schuldnerposition befinden. In Deutschland hat die ungleiche Verteilung des Vermögens zwischen 2002 und 2007 deutlich zugenommen. Während noch 2002 das oberste Zehntel der Vermögenden 57,9 Prozent des Gesamtvermögens der privaten Haushalte auf sich vereinte, waren es 2007 bereits 61,1 Prozent. Das oberste Prozent der Topvermögenden konnte 2007 sogar 23 Prozent des Gesamtvermögens sein eigen nennen, während zwei Drittel der Bevölkerung kein oder nur ein geringes Vermögen besaßen.

Bei der hektischen Suche nach schnellen und hohen Renditen kamen den Anlegern hochriskante Finanzmarktprodukte sehr gelegen; deren Anteil hat innerhalb des Gesamtvermögens zugenommen. Die Vermögenskonzentration muss also nicht allein aus Gerechtigkeitsgründen reduziert werden. Deren Abbau trägt auch zur Entspannung der Finanzmärkte bei.

In Deutschland wird die Klasse der sich selbst reproduzierenden Vermögenden, die aus Vermögenserträgen neues Vermögen bilden können, steuerrechtlich durch den Verzicht auf eine Vermögensteuer verschont. Eine Vermögensteuer auf der Basis der durch das Bundesverfassungsgericht 1995 verlangten Gleichbehandlung bei der Bewertung von Immobilien und Geldvermögen ist machbar.[3] Zumindest im Ausmaß einer solchen Vermögens-

---

[3] Dazu die aktuelle Bürgerkampagne »Vermögensteuer jetzt!«, http://www.vermoegensteuerjetzt.de. Zu den Grundlagen, der Ausgestaltung und den Wirkungen: Stefan Bach, »Vermögensbesteuerung in Deutschland: Eine Ausweitung trifft nicht nur Reiche«, in: *DIW Wochenbericht* 30/2009, sowie Stefan Bach, »Folien zu Aufkommens- und Verteilungs-

besteuerung würde die Suche nach rentierlichen Anlagen auf den Finanzmärkten gebremst. Zugleich würden diese zusätzlichen Steuereinnahmen den Bundesländern zur Verfügung stehen. Die Vermögenszuwächse würden nicht in die abenteuerliche Suche nach Verwertungsmöglichkeiten drängen, sondern zur Finanzierung von Bildungsausgaben in den Bundesländern zur Verfügung stehen. Finanzmärkte sollten durch den Abbau der Vermögenskonzentration ausgetrocknet werden. Das wäre auch ein Beitrag zur Entmachtung der Finanzmärkte und insbesondere der Spekulationsbanken.

Die Macht auf den Finanzmärkten

Finanzmärkte haben nichts mit der Idylle des Marktwettbewerbs zu tun. Die Regeln der Preisbildung aus Angebot und Nachfrage der vielen kleinen Anbieter und Nachfrager spielen keine Rolle. Hier dominiert ein Netz von megamächtigen Anbietern und Nachfragern. Nach einer aktuellen Untersuchung aus der Schweiz gibt es weltweit ein kleines, geschlossenes System von im weiteren Kreis hundertvierzig, im engeren Kreis dreißig Finanzgruppen, Banken, Hedgefonds, Private-Equity-Fonds, Finanzinvestitionsfonds und Pensionsfonds. Der Widerspruch provoziert: Während die Akteure einer regulierenden Kontrolle über verantwortbare Geschäftsmodelle nicht zugänglich sind, beherrschen sie mit ihrem »Spekulationsshopping« jedoch 80 Prozent der Weltökonomie.

---

wirkungen der persönlichen Vermögensbesteuerung«, Berlin, 27. Juni 2011, http://www.vermoegensteuerjetzt.de/topic/7.hintergrund.html.

In diesem Netz spielen die Großbanken, die mit ihren Investmentgeschäften weniger für ihre Kunden als auf eigene Rechnung agieren, eine zentrale Rolle. Auf dem G-20-Gipfel im November 2011 wurden 29 Großbanken ausgemacht, die als systemrelevant gelten. Im Falle ihres Zusammenbruchs müsste wegen der ausgelösten Kollateralschäden in der Gesamtwirtschaft der Staat als Retter einspringen, um einen Dominoeffekt, der sich belastend in die reale Produktionswirtschaft fortsetzt, zu verhindern. Die krisenanfälligen, selbstzerstörerischen Finanzmärkte zu entmachten, heißt vor allem, die Banken durch die Reduktion der Spekulationsgeschäfte auf ein für die Gesamtwirtschaft zu verantwortendes Maß zu beschränken. Die Bilanzen müssen um diese Risikoposten schmelzen. Dadurch schrumpft die Abhängigkeit des Staates von den Interessen der Finanzmärkte.

Land	Institut
Belgien	Dexia SA
China	Bank of China
Deutschland	Commerzbank AG
	Deutsche Bank AG
Frankreich	Banque Populaire
	BNP Paribas SA
	Credit Agricole SA
	Societe Generale SA
Großbritannien	Barclays PLC
	HSBC Holdings PLC
	Lloyds Banking Group PLC
	Royal Bank of Scotland PLC
Italien	Unicredit Group SA
Japan	Mitsubishi UFJ FG
	Mizuho FG
	Sumitomo Mitsui FG

Niederlande	ING Groep NV
Schweden	Nordea AB
Schweiz	Credit Suisse AG
	UBS AG
Spanien	Banco Santander SA
USA	Bank of America
	Bank of New York Mellon
	Citigroup
	Goldman Sachs
	J.P. Morgan
	Morgan Stanley
	State Street
	Wells Fargo

Weltweit systemrelevante Banken

Beim Handel mit Spekulationsinstrumenten ist vom Wettbewerb der Anbieter nichts zu sehen, es herrscht eine Konzentration auf wenige mit viel Macht vor. Zahlen gibt es für den Derivatehandel: In Europa läuft drei Viertel des Derivatehandels über den Finanzplatz Großbritannien. In den USA konzentrierten sich im Mai 2010 95 Prozent des Derivatehandels auf nur fünf Topbanken; der Löwenanteil geht dabei mit 34 Prozent an J.P. Morgan, allerdings zog Goldman Sachs 2009 den größten ökonomischen Nutzen aus dem Derivatehandel. Auch die Deutsche Bank konnte mit ihrer US-Niederlassung knapp 22 Prozent ihres Gewinns erzielen. Das macht deutlich, welche Bedeutung diese Zockergeschäfte für die als systemrelevant eingestuften Banken haben.

Generell müssen die brandgefährlichen Derivate wegen der dadurch erzeugten hohen Risiken für die gesamte Ökonomie auf seriöse Geschäftsmodelle zurückgestutzt werden. Damit wird den Banken ein machtvolles Instrument entrissen. Der Beitrag zur Entmachtung der Banken ist unübersehbar. Fehlt der Mut die Instrumente zu beschränken, dann bleibt die Begrenzung der Bankenmacht auf der Strecke.

Neben den Pensionsfonds sind es vor allem die Hedgefonds, die wie Staubsauger Anlagebeträge von Vermögenden und vielen Institutionen unter ihr Management nehmen. Private-Equity-Fonds hatten ursprünglich die Auflage, Kapital an Firmen zu vergeben, um diese zu restrukturieren. Doch in den letzten Jahren haben sich diese Fonds mit ihren Geschäften den Hedgefonds angenähert: Auch sie wollen kurzfristig hohe Renditen erzielen. Im Gegensatz zu anderen Investmentfonds sind Hedgefonds in der Wahl ihrer Mittel und Anlagestrategien freier: Während Rentenfonds nur in festverzinsliche Wertpapiere und Aktienfonds nur in Aktien investieren dürfen, können Hedgefonds unkontrolliert alle Anlageklassen nutzen. Zur Renditeoptimierung dienen Aktien, Renten, Zertifikate oder Derivategeschäfte. Die Gier reduziert sich jedoch nicht nur auf Finanzmarktprodukte: Ganze Unternehmen beziehungsweise Unternehmensteile werden zu handelbaren Objekten. Das Etikett dieses Typs von Finanzinvestitionsfonds verweist auf deren Funktion: Wie eine Hecke vor unerwünschten Eindringlingen schützt, sollen Hedgefonds das Portfolio vor unerwünschten Verlusten bewahren.

Hedgefonds zeichnet eine besonders gierige Lust an gewagten Spekulationen aus. Diese aggressiven Investmentfonds wirken als Triebkräfte des Spekulationskapitalismus. Mit allem, was sich spekulieren lässt, sind die Hedgefonds-Manager im Einsatz: Rohstoffe, Aktien-, Staatsanleihen, Devisen und darauf bezogene Derivate. Die Spekulationsvolumen sind gewaltig: Derzeit liegt die Man Group mit

69 Milliarden US-Dollar an der Spitze, gefolgt von Bridgewater Associates mit 62 Milliarden. J. P. Morgan Asset Management wird mit 45,5 Milliarden US-Dollar auf Platz 3 gelistet. Der Fonds von George Soros, der heute als Kritiker des Finanzsystems auftritt, spielt mit seinem Soros Fund Management mit 27 Milliarden auf Platz 7 mit.

Auch in Produktionsunternehmen und Banken wird investiert. Doch dabei steht nicht die Fortführung der Unternehmen, sondern Rosinenpickerei und der schnelle Weiterverkauf von Unternehmensteilen im Zentrum. Franz Müntefering hat sie im April 2005 als »Heuschrecken« bezeichnet. Diese Hedgefonds, die ein riesiges Rad drehen, operieren oft am Rand des selbsterzeugten Absturzes. 1998 brach der riesige Long Termin Capital Management Fonds (LTCM) in den USA zusammen. Bei diesem Fonds aktiv war der Wirtschaftswissenschaftler Myron Samuel Sholes, der 1997 zusammen mit Robert C. Merton für die Entwicklung eines finanzmathematischen Models zur Bewertung von Finanzoptionen den Wirtschaftsnobelpreis erhalten hatte. Doch dies hielt Merton nicht davon ab, die Ideologie von den sich selbst stabilisierenden Märkten munter weiterzuverbreiten. Erstmals wurde deutlich, wie Ökonomen mit ihren Modellen ohne Rücksicht auf die vorherrschenden Instabilitäten und Krisenanfälligkeit versagt haben. Der Skandal ist offensichtlich: Während die Hedgefonds Vermögen im Umfang von 1917,4 Billionen US-Dollar in 2010 unter ihrem Dach zu verantworten hatten – mehr als das Dreißigfache des Weltsozialprodukts –, fehlt es an primitivsten Regeln zu deren Zielsetzung und deren Geschäftsmodellen.

Jedoch, die Wirkung der mächtigen Fonds bleibt nicht nur auf die Zockergeschäfte mit eigens erfundenen Spekulationsinstrumenten in der Finanzsphäre beschränkt. Vielmehr nehmen die Zockerzentren Einfluss auf die Produktionswirtschaft außerhalb der Finanzmärkte. Dort werden die Erwartungen an Profitraten, die die Unternehmen der realen Produktionswirtschaft zu erbringen haben, definiert. Mit der Entscheidung, den Zugang zu den Finanzinvestitionen zuzulassen, lässt sich die Profiterwartung erzwingen. Um den Anlegern hohe Gewinne zu sichern, werden für die Anlageobjekte im Unternehmensbereich Profitraten ohne Rücksicht auf die realen Produktionsbedingungen vorgegeben. Unternehmen, die nicht spuren, haben keine Chance auf ein finanzielles Engagement durch die Hedgefonds. Ratingagenturen bestrafen dann auch noch abweichendes Verhalten durch schlechte Noten für die betroffenen Unternehmen.

Diese finanzmarktgetriebene Entwertung der Produktionswirtschaft wird durch einen Vergleich mit dem »Rheinischen Kapitalismus« deutlich: In dieser Kapitalismusvariante war der erzielte Gewinn bezogen auf das eingesetzte Kapital aus den Bedingungen der Produktionsunternehmen definiert worden. Dabei wurden die Ansprüche aus der Entlohnung der Beschäftigten, den Arbeitsbedingungen sowie die Investitionen und Innovationen zur Standortsicherung berücksichtigt. Dagegen versuchen die Fonds heute im Interesse ihrer Anleger eine viel zu hohe Profitrate vorzugeben. War ein Unternehmen bisher mit einer Rendite von 5 Prozent erfolgreich, verlangen die Fonds auf den Finanzmärkten für ihr Engagement 15 oder 20 Prozent – ausschließlich zum Wohl der Fondsanleger. Weil jedoch viele Unternehmen der Produktionswirtschaft auf das Geldkapital der Finanzmärkte angewiesen sind, sehen sie sich oft gezwungen, Kostenersparnisse und andere Maßnahmen der Restrukturierung zu Lasten der künftigen Standortsicherung durchzusetzen.

Die Entmachtung der Finanzmärkte dient also auch dem Ziel, die Herrschaft der Produktionswirtschaft über ihre Gewinnerzielung zurückzubekommen und der ökonomischen Wertschöpfung wieder Geltung zu verschaffen. Durch die Reduzierung der Finanzmärkte auf ihre dienenden Funktionen wird die krisentreibende Hierarchisierung der Märkte korrigiert. Derzeit dominieren die Anlageentscheidungen auf den Finanzmärkten die Güter- und Arbeitsmärkte. Mit der Entmachtung der Finanzmärkte werden diese den unternehmerischen Investitionsentscheidungen, die auf den Warenmärkten fallen, untergeordnet. Hinzukommen muss eine Stärkung der Arbeitsmärkte. Auch ist Vorrang für ökonomisch effizientes und ökologisch nachhaltiges Wirtschaften innerhalb einer sozial gerechten Gesellschaft nur durch die Schrumpfung der Finanzmärkte zu haben. Insoweit die Fondsvertreter mit ihrer Macht die Politik beherrschen, ja vor allem diese in Krisensituationen in Geiselhaft nehmen, führt die Entmachtung zu einem Befreiungsschlag zugunsten demokratisch legitimierter Politik und Gestaltung

Diese Macht steht im Widerspruch zu den Risiken der auf den Finanzmärkten durch Spekulationsgeschäfte ausgelösten Krisen bis hin zum Absturz. Nur wenige unregulierte und unkontrollierte Fonds erzeugen Kosten, die auf die Allgemeinheit abgewälzt werden. Diese Macht der Finanzmärkte und damit das eingebaute Risiko zum Missbrauch müssen beseitigt werden. Wesentliches Zentrum der Finanzmärkte ist die Zerschlagung der hohe Risiken produzierenden Banken.

Marktelend durch Politik der Deregulierung freigesetzt

Über die Ursachen der durch die entfesselten Finanzmärkte ausgelösten Krise wird heftig gestritten. Je nach Positionierung in der ordnungspolitischen Debatte wird ein Politikversagen gegenüber dem Marktversagen gegeneinandergestellt. Dabei gilt dieser Zusammenhang: Es war die Politik der Deregulierung, die das anarchisch-zerstörerische Potential eines Spekulationskapitalismus freigesetzt hat. Die Politik hat sich den Teufel geschaffen, den sie jetzt nicht mehr los zu werden scheint. Der Wechsel von der Regulierung zu entfesselten Finanzmärkten ist vor allem durch eine massive Einflussnahme der Profiteure auf die Politik durchgesetzt worden. Die Politik hat sich zum Erfüllungsgehilfen der Banken und verschiedenen Finanzfonds missbrauchen lassen. Eine Risikoanalyse, mit der die Politik hätte gewarnt werden können, gab es nicht. Sie war auch nicht gewollt.

Die Entfesselung der Finanzmärkte ist ohne den Siegeszug des Neoliberalismus seit Mitte der 1980er Jahre nicht zu verstehen. Die neoliberale Internationale regierte die Welt. Dabei war mit der Wortschöpfung Neoliberalismus (aus altgriechisch »neu« und lateinisch »die Freiheit betreffend«) ursprünglich genau das Gegenteil der heute damit transportierten Inhalte gemeint. Der Begriff wurde zuerst 1938 vom französischen Ökonomen Bernard Lavergne geprägt. Im gleichen Jahr wurde auf Vorschlag von Alexander Rüstow auf dem Colloque Walter Lippmann in Paris dieser Fachbegriff mit folgenden Inhalten festgeschrieben: Es geht um die Förderung des Wettbewerbs durch die Unterbindung von vermachteten Märkten über Oligopole und Monopole. Im Widerspruch zum heutigen

Neoliberalismus wurde die Interdependenz von wirtschaftlicher Freiheit und politischer Gestaltung betont.

Heute wird mit dem Neoliberalismus das Primat der freien Märkte gegenüber der Politik gepredigt: Regulierungen auf den Waren-, Arbeits- und Finanzmärkten müssen abgebaut werden. Sozialer Schutz gegen Arbeitslosigkeit, Alter und Krankheit sollte großteils durch den Ausbau der individuellen Kapitalvorsorge privatisiert werden. Der Abbau tarifvertraglicher Regulierungen auf den Arbeitsmärkten zugunsten einer betriebsbezogenen Lohnbildung wird angestrebt, durch Arbeitslosigkeit soll der Druck, deutlich schlechtere Jobs anzunehmen, erhöht werden. Dafür steht die 2003 durch die rot-grüne Koalition durchgesetzte »Agenda 2010«, die insbesondere mit ihren Hartz-IV-Regelungen nach einem Jahr Arbeitslosigkeit zur Annahme auch prekärer Jobs zwingt. Unter dem aktuellen Druck, die Finanzmärkte zu regulieren, darf nicht übersehen werden: Nach dem Motto, jeder privatwirtschaftlich ausgegebene Euro ist der öffentlichen Nutzung überlegen, steht die Entlastung bei den Steuern für Unternehmen auf der Agenda. Darüber hinaus wird die weitestgehende Privatisierung öffentlicher Aufgaben propagiert. Öffentliches Unternehmenseigentum soll zugunsten der privatwirtschaftlichen Profitlogik aufgelöst werden.

Heute ist unbestreitbar: Dieser Neoliberalismus ist gescheitert. Die Staatsschulden sind durch Steuersenkungen gestiegen, die Spaltung des Arbeitsmarktes hat zugenommen, die öffentliche Infrastruktur wird vernachlässigt. Schließlich wurde die Finanzmarktkrise durch Deregulierungen freigesetzt. Die Rückkehr zum sozial und ökologisch gestaltenden Staat, der Spielregeln für den Wettbewerb festsetzt, ist ohne Alternative.

Das politisch zugespitzte Stichwort Neoliberalismus wird in der ökonomischen Theorie unter der Neoklassik zusammengefasst. Der politische Neoliberalismus und die ökonomische Neoklassik gehen gleichermaßen davon aus, dass sich selbst überlassene Märkte aus eigener Kraft zum »Wohlstand aller« führen. Durch die Selbststeuerung werde immer wieder die optimale Ressourcenallokation erreicht. Kommt es zu nicht mehr bewältigbaren Krisen, sind dafür »außermarktliche Kräfte« verantwortlich – und das sind vor allem der Sozialstaat, die Gewerkschaften und überhaupt alle Kräfte, die Märkte unter politischen Zielen steuern wollen. Dieser Neoliberalismus ist nicht erst mit der jüngsten Finanzmarktkrise gescheitert, denn diese Ideologie taugt nicht für die Gestaltung sozial und ökologisch nachhaltigen Wirtschaftens.

Nach dem ökonomischen Absturz Deutschlands in 2009 mit dem Einbruch der Produktion um 5 Prozent flackerte bei der damaligen Großen Koalition in Berlin der Kurswechsel zu einer gesamtwirtschaftlich steuernden Wirtschaftspolitik auf: Zwei Konjunkturpakete wurden aufgelegt, ein Wirtschaftsfonds für kleine und mittlere Unternehmen sowie der Rettungsfonds für die Banken wurden eingereicht. Großen Erfolg hatte das soziale Bündnis von Arbeitgebern, Gewerkschaften und Staat, das eine befristete Kurzarbeitergeldregelung durchsetzte: Der Abbau von Jobs wurde verhindert und damit standen die Beschäftigten für den nachfolgenden Aufschwung zur Verfügung. Die Einsicht in eine gestaltende Wirtschaftspolitik hielt jedoch nur kurz an: Unter den Beschwörungen eines bereits im Sommer 2009 einsetzenden Aufschwungs wurden die Erkenntnisse in Deutschland schnell verdrängt. Der Neoliberalismus droht wieder zum

Allheilmittel gekürt zu werden. Für die Wiedererweckung des Neoliberalismus gibt es einen starken Grund: Die Profitwirtschaft will sich mit dieser Doktrin trotz deren Krisenanfälligkeit den Vorrang in Politik und Gesellschaft sichern.

Wie hat sich diese Internationale der Deregulierung der Finanzmärkte durchsetzen können? Das Datum zum Start in das Elend des finanzmarktgetriebenen Kapitalismus lässt sich jedenfalls exakt benennen. Am 27. Oktober 1986 verkündete die britische Premierministerin Margaret Thatcher: »… lasst uns die Regeln, die den Erfolg bremsen, wegnehmen«. Der Big Bang war eingeläutet. Praktisch über Nacht wurden wichtige Regulierungen auf dem Börsenparkett und in den Handelskontoren in London aufgehoben. Dazu gehörte die Erleichterung des Marktzutritts für Neulinge im Geschäft, später folgte die Freigabe des Computerhandels.

Heute ist der Finanzplatz London ein unkontrollierter Schmelztiegel höchst diversifizierter und intransparenter Geschäfte. Ein komplexes, bewusst undurchschaubar gehaltenes Cluster von Banken, Hedgefonds, Börsen, Versicherungen, Fondsmanagern, Wirtschaftsprüfern, Anwaltskanzleien und Standesorganisatoren mit einer starken Medienpräsenz bestimmt die Dynamik. Fehlverhalten wird durch die Anonymität verdeckt, ja auch durch diese Strukturen provoziert. Heute laufen über die Hälfte der Geschäfte im Rahmen des europäischen Investmentbankings über London. Drei Viertel des Handels mit Derivaten in Europa konzentriert sich auf den Finanzplatz London, dazu kommen 70 Prozent des Sekundärmarktes im Handel mit internationalen Anleihen. Deutsche Großbanken sind mit ihren Niederlassungen für das Investmentbanking-

Geschäft vor Ort. Auch die Mehrheit der Hedgefonds wickelt die Geschäfte über London ab.

Sieg und Niederlage dieses Big Bangs am Finanzplatz London liegen eng beieinander. Nach einer jahrelangen Expansion mit horrenden Bonuszahlungen für die Akteure war der Absturz nach 2007 besonders hart. Allerdings wurden keine Lehren aus diesem Fiasko gezogen. Grund hierfür war der durch Margaret Thatcher eingeleitete wirtschaftsstrukturelle Umbau, bei dem die industrielle Produktion zugunsten der Finanzindustrie an Bedeutung verlor. Heute sind über eine Million Menschen in London und an anderen Finanzplätzen des Vereinigten Königreichs beschäftigt. Wichtigstes Exportprodukt, mit dem Überschüsse erzielt werden, sind die Dienstleistungen der Finanzindustrie: Diese Branche trägt mit 11 Prozent zu den gesamten Steuereinnahmen bei. Auf dem EU-Gipfel im Dezember 2011 zeigte sich die wirtschaftsstrukturelle Tragödie: Großbritannien wollte bei der Europäischen Union Schutzmaßnahmen für seine Finanzstandorte erzwingen – insbesondere die Ablehnung einer Finanztransaktionsteuer. Die hohe Abhängigkeit von der Finanzindustrie machte blind gegenüber dem dadurch selbst erzeugten Absturzpotential sowie den möglichen Belastungen der gesamten Wirtschaft, und so blockierte die britische Regierung alle wichtigen Fragen zur Euro-Rettung. Die nächste Finanzmarktkrise wird das Land vermutlich besonders stark treffen.

Die neoliberale Politik der Entgrenzung der Finanzmärkte blieb nicht auf Großbritannien beschränkt. Die USA hatten schon bald die Führungsrolle übernommen. Es entstand so etwas wie eine »neoliberale Internationale«. Auch Deutschland wurde immer wieder gedrängt, seine

Finanzmärkte zu deregulieren. Nach einigen Vorläufern verschrieb sich die rot-grüne Koalition unter Bundeskanzler Gerhard Schröder 2003/2004 dieser Demontage der Ordnungsregeln auf den Finanzmärkten.

Ein für die neoliberale Internationale wichtiger Schritt zur Deregulierung der Finanzmärkte und damit vor allem zur Entgrenzung der Bankaktivitäten wurde maßgeblich durch Bill Clinton in den USA eingeleitet. 1994 unterzeichnete er das erste Bankengesetz im prunkvollen Festsaal des Finanzministeriums mit dem Credo: »Wir räumen überflüssige, von der Regierung aufgestellte Hürden aus dem Weg.« Hinzugefügt wurde der durch die Realität mittlerweile bitter widerlegte Satz: »Die neuen Regeln machen uns wirtschaftlich stärker und effizienter, sie sind gut für die Verbraucher.« Nach dem Motto, es sei leichter in Kuala Lumpur als in Jersey eine Filiale zu eröffnen, wurde den Banken erlaubt, den bisher regional begrenzten Aktionsradius zu überspringen. Fusionen und Übernahmen wurden befördert, und etliche Regionalinstitute verloren dabei ihre Unabhängigkeit.

Ein weiteres Deregulierungsfeld war die Rücknahme des Glass-Steagall-Acts. Damit wurde die 1932/1933 nach der Weltwirtschaftskrise durchgesetzte Trennung von genuinen Bankgeschäften gegenüber einem riskanten Investmentbanking aufgehoben. 1999 wurde schließlich noch die Konsolidierung von Geschäftsbanken, Investmentfonds, Wertpapieren und Versicherungen erleichtert. Nach mehrfachen Verwässerungen des Glass-Steagall-Acts wurde unter Bill Clinton im November 1999 der Gramm-Leach-Bliley-Act erlassen. Damit wurde die Trennung zwischen Commercialbanking und Investmenbanking endgültig aufgehoben. Alle Arten von Finanzgeschäften durften jetzt unter einem Dach mit Gesamthaftung getätigt werden; J. P. Morgan und Goldman Sachs nutzen diese neue Chance. Im Jahr 2000 folgte der verhängnisvolle Commodity-Futures-Modernization-Act: Dieses Gesetz stellte den Derivatehandel, auch beim Handel mit Derivaten auf der Basis von agrarischen und anderen Rohstoffen ausdrücklich von der staatlichen Aufsicht frei.

Die Folgen sollten sich später als verheerend erweisen: Die Deregulierung der Banken erhöhte die Freigiebigkeit und mangelnde Seriosität bei der Kreditvergabe. Das Angebot an Hypothekarkrediten stieg drastisch und trieb schließlich die Hauspreise nach oben. Als die Zinsen und Tilgung von den einkommensschwachen Haushalten nicht mehr bezahlt werden konnten, platzte die Immobilienblase mit Folgen für die weltweit relevanten Finanzplätze. Letztlich wurde durch die Deregulierung dem Investmentbanking ein kometenhafter Aufschwung beschert – mit unüberschaubaren Gefahren für die gesamte Wirtschaft weltweit.

Als die ins Kraut geschossenen Hypothekenkredite und viele Spekulationsgeschäfte des Investmentbankings platzten, gingen über 140 Banken allein in den USA Bankrott. Großbanken und Versicherungsgesellschaften mussten durch den Staat gerettet werden. Warum aber die riesige Investmentbank Lehman Brothers in New York nicht durch die amerikanische Administration gerettet wurde, wird wohl nie komplett aufgeklärt werden. Die Lehre aus diesem Politikversagen unter dem Druck des Banken- und Finanzfonds ist eindeutig: Der Glass-Steagall-Act von 1932/1933 muss wieder zur Leitlinie einer neuen Bankenordnung werden. Dazu dient die Zerschlagung der Banken, um die genuine Geschäftstätigkeit zu stärken und diese gegenüber den Risiken aus Spekulationsgeschäften abzuschirmen. Verbote und Gebote zu den derzeit aggressivsten Spekulationsinstrumenten entmachten die Finanzmärkte und entreißen den Banken die Zockerinstrumente. Doch auch die Reaktionen auf Maßnahmen zur Regulierung sollten genau beobachtet werden. Vergleichbar der Hydra, der beim Abschlagen eines Kopfes neue Köpfe entwachsen, ist die Abwanderung vor allem des Investmentbankings in selbstständige Fonds zu verhindern. So sind ganze Investmentabteilungen aus den Banken ausgezogen, um unter einem neuen Dach die Spekulationsgeschäfte fortzusetzen. Auf die Regulierung folgt die Flucht in neue, regulierungsfreie Zonen.

Wie Pilze aus dem Boden sind Schattenbanken entstanden. Zu ihnen zählen vor allem die bisher nicht zugelassenen und regulierten Hedgefonds und Private-Equity-Fonds sowie weitere Arten von Finanzinvestitionsfonds. Nach Angaben des Internationalen Währungsfonds sowie nach der Analyse im Report des Repräsentantenhauses der USA zur Finanzkrise drohen mit den Schattenbanken, neue Institutionen der Risikoproduktion außerhalb der Kontrolle geschaffen zu werden. Diese Institutionen sollten schleunigst in die Regulierung einbezogen und kontrolliert werden.

Deutschland hat sich erst recht spät in die neoliberale Deregulierungsinternationale eingereiht. Die Ablösung vom sozialpartnerschaftlichen »rheinischen Kapitalismus« zum deregulierten »Raubtierkapitalismus« (Helmut Schmidt) wurde zuerst zögerlich durchgesetzt.[4] Unter

---

[4] Rudolf Hickel, »Von der sozialen Marktwirtschaft zur neoliberalen Wirtschaft? Die ökonomische Zäsur in den neunziger Jahren des

dem Stichwort »Stärkung des Finanzstandortes Deutschland« wurden bereits unter der letzten Kohl-Regierung kleinere Regulierungen abgebaut und die Börsenumsatzsteuer abgeschafft. Die wichtigsten Maßnahmen zur Entfesselung der Finanzmärkte sind jedoch auf die rot-grüne Bundesregierung zurückzuführen.[5] Neben vielen anderen Maßnahmen gehörte dazu die seit Anfang 2003 geltende Erleichterung, Kredite durch die Banken zu verbriefen. Von strategischer Bedeutung war zudem das seit Anfang 2004 geltende Investitionsmodernisierungsgesetz: Es bildete die Grundlage für die Einführung von Hedgefonds und ermöglicht damit deutschen Anlegern den direkten Zugang zu diesem »innovativen Produkt«. Die Tore für die Hedgefonds wurden mit der überraschenden Bemerkung des Finanzministers Hans Eichel geöffnet: »Das Finanzsystem ist jetzt reif dafür.« Das konnte nur heißen, dass Deutschland reif dafür sei, an den Spekulationsgeschäften mit verpackten Krediten, Derivaten, Zertifikaten und dem spekulativen Handel mit Rohstoffen teilzunehmen. Deutschland galt also auch reif für den in dieser Entfesselung angelegten ökonomischen Absturz.

Im Koalitionsvertrag der nachfolgenden christ-liberalen Regierung von 2005 stand das Ziel: »Produktinnovationen müssen ausdrücklich unterstützt werden.« Eine Finanzmarktaufsicht mit »Augenmaß«, also der Fähigkeit, gegebenenfalls wegzuschauen, wurde gefordert. »Überflüssige

20. Jahrhunderts: Plädoyer für eine alternative Wirtschaftspolitik«, in: Gerhard Besier (Hg.), *20 Jahre neue Bundesrepublik. Kontinuitäten und Diskontinuitäten*, Münster, 2011.

[5] Vgl. die kommentierte Übersicht »Die Deregulierung und die Förderung des Finanzmarktes durch die Bundesregierung«; in *NachDenkSeiten*, 9. Januar 2009, www.nachdenkseiten.de.

Regulierungen sollten abgebaut werden.« Die FDP, die heute das Versagen der Politik für die Finanzmarktkrise reklamiert, hat sich durchgängig durch die Forderung nach noch mehr Deregulierung ausgezeichnet – das war für Wirtschaftsliberale konsequent. Die wirtschaftsliberale Politik hat jedoch versagt, weil sie der radikalen Öffnung der Finanzmärkte, die dann ihr zerstörerisches Potential entfalten konnte, gefolgt ist.

Zur schrittweise vorgenommenen Aufhebung wichtiger Regeln auf den Finanzmärkten gehörte auch der Umbau der gesetzlichen Alterssicherung zugunsten einer kapitalgedeckten Rente. 2001 stellte die rot-grüne Bundesregierung die Weichen in Richtung private Vorsorge nach amerikanischem Vorbild. Durch die nicht mehr existenzsichernde gesetzliche Mindestsicherung wurde der Zwang zur kapitalen Altersvorsorge durchgesetzt. Mit der Suggestion, die künftige gesetzliche Alterssicherung ließe sich nicht auf der Basis des demographischen Wandels garantieren, wurden die unerschöpflichen und krisenfreien Finanzmärkte beschworen. Die Wucht des Beinahe-Absturzes der Finanzmärkte ist heute ein harter Beweis für diesen demographisch verbrämten, sozialökonomischen Unsinn. Damit wurden Altersarmut und die wachsenden staatlichen Ausgaben zur Grundsicherung vorprogrammiert. Die teilprivatisierte Alterssicherung muss endlich wieder dem Spiel der Finanzmärkte entrissen werden. Der Mut zu dieser Konsequenz ist in der herrschenden Politik nicht erkennbar.

Generell ist nach den bitteren Erfahrungen mit der Finanzmarktkrise eine aktive Politik der Regulierung und Aufsicht in diesem Land unverzichtbar. Damit trägt Deutschland auch dazu bei, die Chancen in der Europäischen Union und auf der internationalen Ebene für solche Forderungen zu erhöhen. Denn der größte Feind der Entmachtung der Finanzmärkte und Zerschlagung der Banken sind die gegeneinander ausgespielten nationalstaatlich unterschiedlichen Interessen. Der die gesamte Finanzwelt erschütternde Beinahe-Absturz seit 2007 lehrt, dass sich kein Land auf Dauer den Krisenfolgen entziehen kann. Trittbrettfahrer oder gar Extraprofiteure, wie derzeit der Finanzplatz London, können auf Dauer ihre Vorteilspositionen nicht halten. Die globale Krise verlangt eine globale Antwort auf der Basis eindeutiger Entscheidungen.

Allerdings muss klar sein: Die Zähmung der Finanzmärkte und Reduzierung der Banken ruft massive Widerstände durch die Lobbyisten der Finanzoligarchie hervor. So ist Barack Obamas gut gemeinter Plan zur grundlegenden Reform des Bankenwesens zerrupft worden. Ohne demokratische Macht scheitert der Ausstieg aus dem immer schneller und tiefere Krisen produzierenden Kasinokapitalismus. Das gilt auch für Deutschland. Die parlamentarische Demokratie ist mit ihren Parteien gefordert. Sie braucht jedoch Verstärkung aus breiten Kreisen der Bevölkerung, aus Gewerkschaften, Kirchen und Verbänden. Dazu gehört auch die globalisierungskritische Bewegung Attac, die mit der Idee, eine Finanztransaktionssteuer einzuführen, gegründet wurde, jedoch heute ihren Auftrag auf die gesamte Reform der Finanzmärkte ausgebreitet hat. Schließlich tragen neue Bewegungen wie Occupy, die vor allem bisher nicht präsente junge Menschen zusammenbringen, dazu bei, den Widerstand gegen die Finanzmacht zugunsten demokratischer Reformen zu brechen.

2
Bankengetriebene Finanzmärkte

Wohlstandsvernichtung durch irrationale Profitgier

Die brutale Wirklichkeit des finanzmarktgetriebenen Kapitalismus ist im Bewusstsein der Öffentlichkeit längst angekommen. Die gegenüber der realen Produktionswirtschaft verselbständigten Finanzmärkte gelten weit verbreitet als Ursache für drohende Wohlstandsverluste. Trotz deutlicher Unterschiede gilt der Banker als Täter. Wehmut nach dem Bankier als ehrbaren Kaufmann schwingt mit. Auf den Finanzmärkten werden die Ursachen für Beinahe-Pleiten des Bankensystems und krisentreibende Belastungen für die Produktion und Arbeit ausgemacht.

Die Kritik bleibt jedoch diffus, ja unpräzise. Das überrascht nicht, denn die auf den Finanzmärkten agierenden verschiedenen Investitionsgruppen operieren bewusst höchst anonym. Die zum Teil hochkomplexen Spekulationsinstrumente sind in der breiten Bevölkerung nicht nachvollziehbar. Selbst Fachleute in der Bankenwelt durchschauen die Konstruktionen und vor allem die Wirkungen dieser Finanzmarktcocktails kaum. Die langatmigen, kleingedruckten Beschreibungen zu den Anlageprodukten sind nicht nachvollziehbar. Doch das hielt die wenigsten Vermögensberater davon ab, ihren Kunden diese fiktiven, wertlosen Papiere anzubieten. Daraus entstand die berechtigte Forderung, Banken dürften künftig nur noch die Anlageprodukte anbieten, die sie verstehen und vor allem auch verantworten können, denn Anonymität und Intransparenz fördern die Entfaltung dieses rücksichtslosen Wettsystems.

Psychologische Studien haben gezeigt, dass mangelnde Überprüfbarkeit und Kontrolle des Geschehens auf den Finanzmärkten es den Handelnden erleichtert, gesellschaftlich verantwortungslos zu agieren. Dieses Fehlverhalten könnte unter Beobachtung durch die Öffentlichkeit zumindest gebremst werden. Derzeit sind undurchschaubar gehaltene Finanzmärkte anfällig für eine rücksichtslose Profitgier der einzelnen, die jedoch gleichsam hinter ihrem Rücken ein hoch explosives Krisenpotential für alle aufbauen.

Aufklärung über die Ursachen, Triebkräfte, Funktionsweisen und vor allem die Folgen der Geschäfte auf den Finanzmärkten ist dringend erforderlich. Soweit von hier große Gefahren für das politische System ausgehen, wird sie zur demokratischen Pflicht. Damit lässt sich die Basis für die dringend notwendigen Reformen finden. Um die Finanzmärkte zu verstehen, lohnt es, das Prinzip dieser Geschäfte deutlich zu machen.

Verknüpft wird die gewisse Gegenwart mit der unsicheren Zukunft. Künftig zu erwartende ökonomische Größen sollen mit einem heute abgeschlossenen Geschäft meistens gewinnbringend kalkulierbar werden. Die künftig erwarteten monetären Zielgrößen sind jedoch ungewiss. Wer heute ein Bündel an Aktien zu einem fixierten Wert in fünf Monaten zu zahlen bereit ist, spekuliert darauf, dass der dann geltende, effektive Kurs über dem im Termingeschäft fixierten Kontrakt liegen wird. Die Risiken sind dabei groß. Deutlich wird: Es handelt sich um komplizierte Wetten auf die Zukunft.

Die Produktionswirtschaft nutzt solche Wetten beispielsweise zur Absicherung gegen künftige Risiken. Auf den Finanzmärkten spielen diese aus der Produktionswirtschaft begründeten Spekulationsgeschäfte jedoch nur noch eine geringfügige Rolle. Vielmehr werden Finanzmarktpapiere zu Spekulationszwecken eingesetzt, deren Bezug zur ökonomischen Wertschöpfung nicht mehr zu erkennen ist. Es geht nicht um die Absicherung gegen künftige Finanzierungsrisiken in der Produktionswirtschaft. Vielmehr wird auf der Basis heute vereinbarter Geschäfte auf die Veränderung künftiger Preise, Kurswerte und Zinssätze gewettet.

Spekulationsgeschäfte haben längst die Bodenhaftung verloren

Die wichtigste Gruppe der Spekulationsgeschäfte, die Derivate, basieren auf der Abkoppelung der Finanzmarktsphäre von der realen Produktionswirtschaft. Nach Angaben der Bank für internationale Zusammenarbeit überstieg im Frühjahr 2010 das ausstehende Volumen der Derivategeschäfte die Weltproduktion um das Zehnfache. Damit drängt sich die Frage auf: Dient diese Expansion der Spekulationsgeschäfte am Ende überhaupt noch der Absicherung gegen unternehmerische Risiken in der Zukunft? Die Antwort der Verfechter der Rationalität und Effizienz auf den Finanzmärkten lautet klipp und klar: ja. Diese Antwort ist peinlich naiv und ignorant zugleich. Denn der überwiegende Teil der Geschäfte dient nicht der Verarbeitung künftiger Risiken in der Produktionswirtschaft, sondern der reinen, von den produktionswirtschaftlichen

Zwecken entkoppelten Spekulation. Versprechen werden wechselseitig ohne ökonomische Basis abgegeben und dadurch heiße Luft produziert.

Der fundamentale Unterschied liegt auf der Hand: Unternehmen sind selbstverständlich gut beraten, sich gegen die Risiken künftiger Wechselkurse mit einem Termingeschäft abzusichern. Beispielsweise steht ein Stahlwerk vor der Frage, wie es sich beim Einkauf von Rohstoffen aus dem Ausland auf Dollarbasis etwa in drei Monaten gegen Risiken der Veränderung des Wechselkurses von Euro und US-Dollar absichern kann. Um dieses Risiko zu minimieren, wird ein Devisentermingeschäft mit einer Bank abgeschlossen: Das Geschäft richtet sich gegen eine mögliche Abwertung des Euro gegenüber dem US-Dollar zum späteren Zeitpunkt. Bei der Risikoverteilung treten beim Stahlwerk Verluste ein, wenn die faktische Abwertung stärker als die im Devisentermingeschäft fixierte ausfällt. Bei einer geringeren Abwertung werden Gewinne aus dem Geschäft erzielt. Solche Termingeschäfte bieten vorrangig die Banken an; sie zählen zu den dienenden Funktionen der Finanzinstitute. Die Risikoerzeugung ist überschaubar, und die Risikoverarbeitung bleibt an den realwirtschaftlichen Vorgang des Einsatzes von importierten Vorleistungen für die Produktion gebunden.

Dagegen dominieren heute auf den Finanzmärkten die von Produktionsvorgängen entkoppelten Geschäfte. Wetten konzentrieren sich auf reine Spekulationen über Preis-, Kurs- und Zinsveränderungen. Auch Rohstoffe sind Gegenstand dieser Spekulationsgeschäfte. So werden künftige Ernten oder Rohöl auf den Warenterminbörsen mehrfach preistreibend verhökert. Der heutige finanzmarktgetriebene Kapitalismus basiert auf einer gefährlichen Spaltung des Geldes. Dem realen durch ökonomische Wertschöpfung der Produktionswirtschaft abgesicherten Geld steht das irreale, fiktive Geld gegenüber. Zu Recht ist die Rede von der Spaltung zwischen dem schaffenden und fiktiven Geld.

All diese Instrumente der irrealen Geldvermehrung unterscheiden sich von den dienenden Aufgaben der Finanzmärkte für die Unternehmen der Produktionswirtschaft. Die Geldvermehrung erfolgt nicht durch den Einsatz von Geld über den Umweg produzierter Waren. Geld, das auch noch per Kredit aus dem Nichts geschaffen worden ist, hat keinen Wert. Diese produktionsfundierte Geldvermehrung hat Karl Marx im ersten Band zum *Kapital* eindrucksvoll beschrieben.[6] Bei Marx schlägt sich die Vermehrung des in der Produktion eingesetzten Geldkapitals im dadurch erzeugten Mehrwert nieder. Eingesetztes Geldkapital führt über die kapitalistische Produktionsweise zu einem Mehrwert für die Kapitalisten. Jedenfalls wird mit der durch das eingesetzte Geldkapital finanzierten Produktion das zur Verteilung auf Gewinne und Löhne verfügbare Einkommen erhöht.

Spekulationsgeschäfte, die irreales, fiktives Geld bewegen, schaffen keine ökonomisch fundierten Werte. Die Fabrikation wertloser Papiere erzeugt keinen volkswirtschaftlichen Nutzen. Im Gegenteil: Durch die Krise des Geldsystems wird Wohlstand vernichtet. Die in der Bankenwelt weit verbreitete Behauptung, Spekulationsgeschäfte würden eigenständig Werte schaffen, gehört

---

6 Karl Marx, *Das Kapital I: Der Produktionsprozeß des Kapitals*, Rudolf Hickel (Hg.), Frankfurt a. M./Berlin/Wien, 5. Auflage 1969. Das vierte Kapitel »Verwandlung von Geld in Kapital« beschreibt die Kausalkette Geld in Ware und aus der Warenproduktion mehr Geld (G-W-G).

zu den dümmsten Rechtfertigungen der Wettbüros und Spielkasinos in aller Welt denn mit dem Platzen der Spekulationsblase offenbart sich deren Wert- und Substanzlosigkeit. Zuvor in die Höhe spekuliertes, fiktives Geld wird in der Krise verbrannt.

Bliebe es bei dieser Vernichtung des von Anfang an wertlosen Geldkapitals, wären die Folgen auf die Finanzinstitutionen begrenzt. Die naiven Absturz-Vermögensillusionisten würden also nur das verlieren, was sie mit Wertsubstanz eigentlich nie realwirtschaftlich besessen haben. Dieser Spuk bleibt jedoch nicht ohne Folgen für die Produktionswirtschaft außerhalb des Finanzsektors: Banken, die auf diese fiktive Geldvermehrung gesetzt haben, werden unter der Last der Wertberichtigungen und Abschreibungen zu Bremsern bei der Kreditvergabe. Das Interbankensystem, also das tagtägliche Angebot sowie die Nachfrage nach Geld, leidet unter dem Misstrauen zwischen den Banken. Der gesamte Vertrauensverlust der Investoren führt in der Produktionswirtschaft zum Attentismus.

Hierin liegt der eigentliche Skandal der entfesselten Finanzmärkte. Die Geschäftsmodelle in der Finanzwelt stellen sich gegen den Kantschen Imperativ: Sie nehmen die Belastungen Dritter gezielt in Kauf. Nachdem sich die ökonomische Wertlosigkeit im Zuge der geplatzten Spekulationsblase manifestiert, wird in der Folgewirkung die Produktionswirtschaft außerhalb der Finanzwelt in Mitleidenschaft gezogen. Spekulanten, die keinen Bezug zu den produktionswirtschaftlichen Tätigkeiten haben, werden somit zur Gefahr der gesamtwirtschaftlichen Entwicklung. Geplatzte Spekulationsblasen belasten die Banken und am Ende die gesamtwirtschaftliche Entwicklung.

Der Kasinokapitalismus ist gefährlich irrational

Aus den Erkenntnissen zu den Ursachen und Folgen der Weltwirtschaftskrise Ende der 1920er Jahre hat John Maynard Keynes 1936 in seiner *Allgemeinen Theorie der Beschäftigung, des Zinses und des Geldes* die Feststellung getroffen: »Spekulanten mögen als Seifenblasen auf einem steten Strom des Unternehmertums keinen Schaden anrichten. Aber die Lage wird ernst, wenn das Unternehmertum zur Seifenblase auf dem Strudel der Spekulationen wird. Wenn die Kapitalentwicklung eines Landes das Nebenerzeugnis der Tätigkeiten eines Spielkasinos wird, wird die Arbeit voraussichtlich schlecht getan werden.«

Der hier erstmals angedeutete Kasinokapitalismus ist durch hohe Instabilität und wachsende Krisenanfälligkeit gekennzeichnet. Dafür gibt es einen entscheidenden Grund: ökonomisches Handeln im Nebel nicht kalkulierbarer Ungewissheiten.[7] Im Gegensatz zur einschlägigen Lehrbuchliteratur sind die Wahrscheinlichkeiten der Risiken nicht mathematisch modellierbar. Volker Bieta und Hellmuth Milde haben scharfsinnig die in den mathematischen Modellen zur Ableitung von Finanzmarktprodukten unterstellte Verarbeitung systematisch fehlender Informationen über die zukünftige Entwicklung der Renditen der Finanzmarktprodukte kritisiert,[8] denn aus

---

[7] Rudolf Hickel, »Keynes ist tot – es lebe die keynessche Theorie«, in: Günter Krause (Hg.), *Keynes als Alternative(r)? Argumente für eine gerechtere Wirtschaft*, Berlin, 2007.

[8] Volker Bieta und Hellmuth Milde, »Risikomanagement zwischen Modell und Wirklichkeit«, in: *Frankfurter Allgemeine Zeitung,* 2. November 2010. Volker Bieta und Hellmuth Milde, »Schiefes Weltbild stochastischer Modelle«, in: *Risiko Manager,* 16/2009.

den bekannten Renditen der Vergangenheit werden über Zeitreihen empirische Häufigkeitsverteilungen berechnet. Die Zukunft wird also durch die Vergangenheit bestimmt. Doch die finanzmathematischen Modelle scheitern an der nicht kalkulierbaren Zukunft.

In der Realität wird die Ökonomie durch die in Modellen nicht fassbaren Instinkte bewegt. Der Wirtschaftsnobelpreisträger George A. Ackerlof und Robert J. Shiller, der die Immobilienkrise in den USA 2007 vorausgesehen hatte, erklären mit den *Animal Spirits*, »wie Wirtschaft wirklich funktioniert«.[9] Die beiden sprechen von »animalischen Instinkten« und stellen ab auf irrationale Elemente des ökonomischen Handelns wie Emotionen und Herdentrieb: Mangels brauchbarer Informationen und damit rationaler Kalkulierbarkeit orientieren sich Anleger an den anderen Teilnehmern und den kolportierten Informationen. Das hochgelobte individuelle rationale Handeln ertappt sich plötzlich in der Irrationalität der Mitläufer im Herdentrieb. Angetrieben durch das Massenphänomen Herdenbildung neigt der hoch spekulative Kapitalismus zu irrationalen Übertreibungen, die Robert J. Shiller in seinem Buch *Irrational Exuberance* schon 2000 beschrieben hatte.[10] Shiller erklärte darin überzeugend, wie eine Spekulationsblase entsteht. Wenige Tage nach der Veröffentlichung trat seine Warnung vor dem Platzen dieser Blase auf den US-Aktienmärken ein. Die Untersuchung der wichtigsten Faktoren ließ ihn zu dem Schluss kommen: Die Börse gleicht einem Potemkinschen Dorf, die Bewer-

---

[9] George Ackerlof und Robert J. Shiller, *Animal Spirits. Wie Wirtschaft wirklich funktioniert*, Frankfurt a. M., 2009.
[10] Robert J. Shiller, *Irrationaler Überschwung. Warum eine lange Baisse an der Börse unvermeidbar ist,* Frankfurt a. M., 2000.

tungen an der Börse sind jenseits rationaler Erklärungen irrational übertrieben, und am Ende werden die Kulissen des Potemkinschen Dorfs niedergebrannt. Auch die Wirtschaftspolitik büßt ihre Funktionsfähigkeit ein. Gesetzmäßigkeiten lassen sich nicht mehr erkennen. Werden beispielsweise die Gewinne wirtschaftspolitisch gestärkt, ist mit Blick auf die Anlageoptionen auf den Finanzmärkten völlig ungewiss, ob die unternehmerischen Sachinvestitionen zunehmen. Die neoliberale, neoklassische Theorie scheitert mit dem nicht mehr prägenden Determinismus. Durchgesetzt hat sich so etwas wie ein »kaleidoskopischer Kapitalismus«:[11] Wenn ein exogener Schock ausgelöst wird, entsteht ein neues Bild, dessen Zustandekommen nicht auf der Basis ökonomischer Gesetze erklärbar ist. Vertrauen wird durch diese systemimmanente Instabilität zur Schlüsselgröße. Umso wichtiger ist die Kalkulierbarkeit und Verlässlichkeit der Politik.

Hyman P. Minsky schrieb der vorherrschenden Wirtschaftswissenschaft einen eigentlich selbstverständlichen, jedoch für die abgeschottete Zunft provokanten Auftrag ins Stammbuch: »Wenn die Vertreter der Mainstream-Theorie die Probleme einer kapitalistischen Wirtschaft untersuchen wollen, müssen sie ihre bisherige Vorgehensweise, das Entwerfen idyllischer Ökonomien, aufgeben und beginnen, Ökonomien abzubilden, in denen eine Wallstreet vorkommt.«[12] Dies gilt auch für viele deutsche Ökonomen in den Beratungsgremien.

---

[11] Hyman P. Mynski erforschte zeitlebens die Finanzmärkte. Die Aktualität seiner Analyse zur »Instabilität des Kapitalismus« ist unübersehbar. Hyman P. Minsky, *John Maynard Keynes. Finanzierungsprozesse, Investition und Instabilität des Kapitalismus*, Marburg, 1990.
[12] Hyman P. Minsky, *Instabilität und Kapitalismus*, Zürich 2011.

Bisher hat die vorherrschende Wirtschaftswissenschaft auf diese Veränderungen durch die Instabilität und Irrationalität nur rechthaberisch geantwortet. Der Wirklichkeit zum Trotz dominiert der Glaube an die Effizienz, und die optimale Selbststeuerungsfähigkeit der Finanzmärkte bleibt unerschütterlich. Die durch Eugen Fama etablierte und zusammen mit Merton H. Miller 1972 publizierte *Theory of Finance* scheint ihre Blamage zu überleben. Da wird darauf bestanden, die Finanzmärkte seien »ein Spiegel aller zur Verfügung stehender Informationen« und deshalb die Erwartungen rational kalkulierbar.[13] Vollkommene Informationen und rationale Erwartungsbildung der Finanzmarktakteure stehen im Widerspruch zu den durch die Finanzmärkte produzierten Informationsdefiziten, Informationsasymmetrien und systembedingten Unsicherheiten. Die durch die Spekulationsgeschäfte auf den Finanzmärkten erzeugte Irrationalität wird nach dem Hegelschen Motto geleugnet: Schade um die Wirklichkeit, wenn sie mit der Theorie nicht übereinstimmt.

Allmählich spricht sich die Peinlichkeit herum: Gesamtwirtschaftliche Modelle, welche die Finanzmärkte als stabil beschreiben und die Banken als Risikoproduzenten überhaupt nicht berücksichtigen, taugen nicht für ernstzunehmende Prognosen. Das musste der Sachverständigenrat zur Begutachtung der gesamtwirtschaftlichen Entwicklung mit seinem Gutachten im November 2008/2009 erfahren.[14] Vorausgesagt wurde im Krisenherbst 2008 für

---

[13] Eugene F. Fama, Merton H. Miller, The Theory of Finance, Hinsdale, 1972.
[14] Sachverständigenrat zur Begutachtung der gesamtwirtschaftlichen Entwicklung, *Jahresgutachten* 2008/2009. *Die Finanzkrise meistern, die Wachstumskräfte stärken*, Ziffer 32.

das folgende Jahr: »Das Bruttoinlandsprodukt wird nach Einschätzung des Sachverständigenrates stagnieren«, unter bestimmten Bedingungen könnte es schlimmer, aber auch besser kommen. Durchgesetzt hat sich mit knapp minus 5 Prozent an Produktionsleistungen der größte Absturz der Gesamtwirtschaft seit dem Zweiten Weltkrieg. Der Grund für diese Fehleinschätzung lag in der Annahme der Effizienz der Finanzmärkte und der Ausblendung der Banken mit ihrem Krisenpotential. Wer sich aus einer Mischung von Ideologie und Naivität von der Realität entfernt, hat das Recht verspielt, Prognosen und wirtschaftspolitische Empfehlungen abzugeben.

Die neue Wirklichkeit erzwingt einen fundamentalen Paradigmenwechsel. Dabei hilft die Suche nach schwarzen Schwänen anstatt der wissenschaftlichen Bestätigung, dass es weiße Schwäne zuhauf gibt. Ein schwarzer Schwan ist beispielsweise die krisenerzeugende Wucht der von Gier getriebenen Spekulationen auf den Finanzmärkten. Endlich sollte die in der Tradition der von Keynes entwickelten Theorien zum Kasinokapitalismus breit in der Forschung und Lehre aufgenommen und weiterentwickelt werden, denn mit der tiefen Krise der Finanzmärkte wurde die Lehre vom instabilen Kapitalismus bestätigt. Die neoklassisch-monetaristische Doktrin von der optimalen Selbststabilisierung von reifen Ökonomen ist unübersehbar gescheitert; sie gehört in die Lehrbücher der Dogmengeschichte unter der Kategorie »Kurioses und Kauziges«.

Die neoliberale, neoklassische Theorie taugt mikroökonomisch nichts. Die hier unterstellte Figur des Homo oeconomicus, der rücksichtslos seine Gier austobt, muss als das gegeißelt werden, was sie ist: ein armseliger, seelenloser und zugleich therapieverdächtiger Zocker auf Kosten

Dritter bis hin zur gesamten Gesellschaft. Gier ist wie eine Droge, und sie ist immer auch Selbstvernichtung. Mit einer verhaltensorientierten Finanztheorie (»Behavourial Finance«) wird immerhin der Versuch unternommen, die psychologischen und gesellschaftlichen Zusammenhänge bei der einzelwirtschaftlichen Entscheidungsfindung zu berücksichtigen. Der einzelwirtschaftliche Akteur sieht sich durch seine Abhängigkeiten und Stimmungen am Ende in der Heerschar der kollektiven Mitläufer.

Die Finanzmärkte sind heute durch ihre Spekulationsdynamik die größte Gefahr für Wirtschaft und Gesellschaft. Immer wieder auftauchende Krisen zwingen den Staat in die Systemreparatur und verlangen den Beschäftigten und Sozialabhängigen Opfer ab. Dieser Irrationalität muss ein Ende gesetzt werden. Zudem ist der Zockerkapitalismus zutiefst innovations- und damit zukunftsfeindlich, denn durch die Konzentration auf Geschäfte mit Finanzmarktpapieren gerät der von Joseph Alois Schumpeter gepriesene dynamische Wirt ins Abseits: Kredite werden nicht mehr zur Vorfinanzierung von Innovationsschüben eingesetzt, das Geldkapital drängt auf die ver-rückten Finanzmärkte. Der dynamische Wirt in der Produktionswirtschaft droht verdrängt zu werden. Vorrang gilt den Spekulanten und seelenlosen Finanzhaien ohne Interesse an unternehmerischer Sachinvestition und Innovation. Die Dynamik der »schöpferischen Zerstörung« droht zu versiegen.

Die Antwort auf das Krisenzentrum Finanzmärkte mit der Konzentration auf reine Geldmarktgeschäfte ist aus wirtschaftlicher und politischer Sicht eindeutig: Die Herrschaft der Finanzmärkte über die Produktionswirtschaft und Politik muss demontiert werden. Dazu gehören das Verbot der aggressivsten Spekulationsinstrumente sowie streng kontrollierte Gebote. Auf den entmachteten Finanzmärkten gilt es, Transparenz und Kontrolle zu sichern. Im Zentrum der dringlichen Entmachtung stehen die Großbanken. Sie haben maßgeblich die »finanziellen Massenvernichtungswaffen« produziert und gigantische Erträge aus dem Eigenhandel mit Spekulationsgeschäften zu Lasten der Gesamtwirtschaft gezogen. Die Zockerinstrumente müssen ihr durch eine konsequente Regulierungspolitik entzogen werden. Das gebietet die Marktwirtschaft, die ohne strenge Regeln zur Ordnung ihre zerstörerischen Kräfte austobt. Ihre Zerschlagung dient dem Ziel, die Banken wieder auf ihre dienenden Funktionen in einer arbeitsteiligen Wirtschaft zu reduzieren. Banken sollten auf die Regionen dezentralisiert werden.

3
Durch Entmachtung der Finanzmärkte

Banken in die Schranken

Durch den politisch gewollten Verzicht auf eine regulierte Ordnung der Finanzmärkte ist ein explosiver Krisenherd freigesetzt worden, der immer noch die Gesamtwirtschaft bedroht. Wenn nichts dagegen unternommen wird, ist in immer kürzeren Abständen mit zerstörerischen Krisen zu rechnen. Am Ende geraten nicht nur das Bankensystem, sondern auch die Privatwirtschaft mit ihren Unternehmen und Konsumenten sowie der Staat in den Strudel. Die Politik, die zuerst durch den Verzicht auf Frühwarnsysteme sowie Regulierungen und Kontrollen die Finanzmärkte entfesselt hat, muss wieder als verachteter Lückenbüßer die Rettungspakete stemmen.

Wer sind die Täter, die Verursacher dieser Heimsuchungen? Im Zentrum dieser aus dem Ruder gelaufenen Finanzmärkte stehen Spekulationsbanken zusammen mit der wachsenden Zahl von nur noch schwer erfassbaren Finanzinvestmentfonds. Neuerdings gehören die sich gefährlich ausbreitenden Schattenbanken dazu.

Ein Teufelskreis droht sich auf Dauer zu wiederholen: In den Abteilungen der Banken werden zunächst von Finanzakrobaten hochprofitable Spekulationsinstrumente geschaffen. Kennzeichen dieser Kreationen ist das Eigenleben gegenüber der ökonomischen Wertschöpfung. Wird diese Substanzlosigkeit durch die Krise offengelegt, müssen Wertberichtigungen beziehungsweise Abschreibungen in den Bankbilanzen vorgenommen werden. Schließlich ist der Ruf nach dem rettenden Staat gewiss. Jedoch sorgen Machtinteressen unterstützt von Lobbyisten und vermischt mit politischem Opportunismus dafür, dass die Ursachen der Krise nicht aufgearbeitet werden. Nachhaltig wirksame Lehren werden nicht gezogen. Anstatt zu regulieren und die aggressivsten, volkswirtschaftlich schädlichen Finanzmarktcocktails auf den Finanzmärkten zu entschärfen, ist zu beobachten, wie die Tore zum Kasinokapitalismus mit neuen, jedoch immer noch machtlosen Türstehern wieder schnell geöffnet werden. Beim erneut entbrannten Spiel mit dem Risiko können sich Akteure gewiss sein, dass beim nächsten Zusammenbruch wieder mit staatlichen Finanzhilfen zu rechnen ist. Das stärkt natürlich den Anreiz, solche riskanten Geschäfte immer wieder einzugehen. In der neuen Politischen Ökonomie wird dieses ärgerliche Verhalten mit dem Begriff »moral hazard« belegt.

Beim Versuch der politischen Rechtfertigung gegenüber den belasteten Steuerzahlern wird dann der »systemische Charakter« des bedrohten Bankeninstituts beschworen. Dieser Begriff ist der Verhaltenstherapie entnommen, der richtige Begriff wäre »systemrelevant«. In den meisten Fällen ist jedoch nicht klar, was eigentlich ein »systemisches Risiko« bedeutet. Deshalb muss eine grobschlächtige Kausalität her. Sollte eine im Netz der Gesamtwirtschaft relevante Bank pleitegehen, würde einem Dominoeffekt vergleichbar das gesamte Bankensystem und mit diesem die Wirtschaft in den Zusammenbruchstrudel gerissen werden. Bei den in Deutschland geretteten Banken, der HypoRealEstate in München und der HSH Nordbank ist der »systemische Charakter« nie richtig nachgewiesen worden. Wäre nicht eine geordnete Pleite der beiden Institute für die Rettung des gesamten Systems besser und für die Steuerzahler billiger gewesen? Jedenfalls konnten die Banken ihrer Rettung selbst bei größtem Missmanagement sicher sein.

Zum Spiel im Kasinokapitalismus gehört auch: Die verantwortlichen Täter für die unseriöse Geschäftspolitik werden fürstlich abgefunden. Hier zeigt sich eine paradoxe, für das Funktionieren der Marktwirtschaft gefährliche Spaltung: Für die mit Tantiemen und Boni üppig entlohnte Verantwortung wird keine individuelle Haftung übernommen. Die erzeugten Schäden werden mit der Rechtfertigung systemrelevante Bank auf den Staat übertragen und dadurch vergemeinschaftet.

Dieser Teufelskreis scheint auf Dauer gestellt zu sein. Auf den Absturz der Finanzmärkte und die nachfolgenden Rettungspakete für die Banken wird durch die Politik nur mit wenigen, in der Summe kaum wirksamen Regulierungen reagiert. Unterstützt durch die machtvollen Finanzoligarchen setzt sich trotz der vorangegangenen Finanzmarktkrise eine schleichende Rehabilitierung der plötzlich als effizient wiederentdeckten Finanzmärkte durch. Diese heimliche Rückkehr zu den weiterhin entfesselten Finanzmärkten und damit den Krisenursachen wird durch die dialektische Schläue vieler Strategen verstärkt. Selbst die wenigen bisher beschlossenen Deregulierungsmaßnahmen lösen Ausweichmanöver aus: Investmentbanker packen an der Wall Street ihre Koffer und räumen ihre Büros, um unter neuem Namen im Schatten der Regulierung als Finanzinvestoren tätig zu werden oder sich in Hedgefonds einzugliedern. Auch geht die Produktion neuer Spekulationsinstrumente weiter, die verständlicherweise (noch) nicht im Visier der Regulierer sein können. Wieder einmal sind die Finanzalchemisten dabei, mit goldener Farbe bemalte Steine als echtes Gold zu verkaufen.

Heute ist unbestreitbar: Die Macht der Banken und Finanzinvestoren hat in Folge der jüngsten Finanzmarktkrise nicht abgenommen. Gegen die Versprechungen der Politik auch auf den G-20-Gipfeln konnte die Allmacht auf den Finanzmärkten ausgebaut und intensiviert werden. Eine Forschergruppe des Internationalen Währungsfonds hat in einer Studie im März 2011 den Machtzuwachs auf den Finanzmärkten gegenüber der davon abhängigen Wirtschaft und Politik beschrieben: Einerseits habe dadurch das Krisenpotential zugenommen, das recht schnell in einen erneuten Absturz führen kann, andererseits könne nicht mehr so einfach mit der staatlichen Finanzierung von Rettungsmaßnahmen gerechnet werden. Der damalige Chefökonom des IWF Olivier Blanchard schrieb der G-20-Gruppe ins Stammbuch:»Viele der strukturellen Charakteristiken, die zur Entstehung der systemischen Risiken beigetragen haben, sind weiter vorhanden.«[15] Die Fehlanreize seien geblieben, und die Abwanderung in die Schattenbanken sei bedrohlich.

Die ohnehin belasteten öffentlichen Haushalte, die wegen der angefallenen Krisenkosten wichtige Sozial- und Infrastrukturausgaben reduzieren mussten, zusammen mit der kaum noch zu mobilisierenden politischen Akzeptanz stehen den Erwartungen der Banken auf erneute Rettung ei-

---

[15] Dietermar Neuerer,»Schließung bei Schieflage: Ruf nach deutlich schärferer Bankenregulierung«, in: *Handelsblatt*, 11. März 2011. Zu den Grundlagen: Stijn Claessens u. a.,»Crisis Management and Resolution. Early Lessons from the Financial Crises«, in: *IMF-Staff Discussion Notes* 11/05, 9. März 2011.

gentlich entgegen. Doch am Ende wird es der Politik wieder gelingen, mit dem Verweis auf »systemrelevante« Banken deren Rettung durchzusetzen. Den Preis dafür bezahlen die Steuerzahler entweder durch höhere Abgaben und/oder durch Streichungen wichtiger öffentlicher Ausgaben.

Dieser Teufelskreis, bei dem am Ende die Täter der Finanzmarktkrisen immer wieder auf ihre politische Rettung setzen können, um dann die hochriskanten Geschäfte fortzusetzen, muss endlich durchbrochen werden. Die bisherigen Krisenerfahrungen, die kaum noch aufzubringenden verstaatlichten Krisenkosten sowie die drohende Gefahr eines erneuten, das Gesamtsystem gefährdenden Absturzes verlangen eine klare Perspektive: Die Finanzmärkte müssen entschieden und nachhaltig entmachtet werden. Die derzeit hoch explosiven Märkte mit Spekulationsprodukten müssen in eine streng kontrollierte Ordnung eingebunden werden.

Die erforderlichen Spielregeln sind mit denen eines Fußballspiels vergleichbar: Wenn ein Fußballer foult, dann muss er vom Schiedsrichter, falls dieser nicht von irgendeiner Wettmafia bestochen ist, vom Platz gestellt werden. Diejenigen, die Spielregeln setzen, müssen ebenso wie die Schiedsrichter auf dem Fußballfeld Kontrollen unterzogen werden. Diese strenge Ordnungspolitik steht durchaus im Kontext mit dem auf gesellschaftlich-demokratische Ziele ausgerichteten Ordoliberalismus (Wilhelm Röpke): Die Vorteile der Märkte lassen sich nur nutzen, wenn deren selbstzerstörerisches Potential außer Kraft gesetzt wird. Diese Ordnungspolitik steht im Widerspruch zur Freie-Märkte-Ideologie der vorherrschenden, beratenden Wirtschaftswissenschaft, der sogenannten »Mainstream-Economics«: Entfesselte Finanzmärkte sind im Selbstlauf nicht effizient und bewirken nicht die Steigerung des ökonomischen Wohlstands. Im Gegenteil, mit ihrem Absturz vernichten sie Wohlstand.

Die Doktrin von der Effizienz basiert auf Annahmen, die der Wirklichkeit nicht standhalten. Im Zentrum agiert der seelenlose Homo oeconomicus, der mit seiner Gier auf seine Umwelt und vor allem die Folgen seines Handelns keine Rücksicht nimmt. Auch steht die These von der vollkommenen Information auf den Finanzmärkten und damit der Bildung rationaler Erwartungen im fundamentalen Widerspruch zur Wirklichkeit. Die Finanzmärkte sind es doch, die Instabilität und nicht mehr rational erklärbare Unsicherheiten über die Zukunft erzeugen. Die Unsicherheiten sind nicht einmal mathematisch kalkulierbar.

Die Tendenz zur Selbstzerstörung ist den Spekulationsgeschäften immanent. Ohne Rücksicht auf die Folgen wird mit allem, was sich eignet, spekuliert. Selbst völlig abstrakte, substanzlose Indizes bilden für die Kreation von Finanzmarktpapieren die Basis. Finanzmärkte müssen, um vor allem die Effizienz für die Gesamtwirtschaft wieder zu sichern, streng reguliert werden. Die Beschränkung der Risikogeschäfte und die Herstellung der Einheit von Verantwortung und Haftung bei den Akteuren führen zu einer Entmachtung der Finanzmarktoligarchen und Spekulationsbanken.

Allgemeine Parolen zur Entmachtung durch allgemeine Regulierung reichen jedoch nicht aus. Um die Sprengkraft einerseits und deren Entschärfung andererseits kenntlich zu machen, ist es unverzichtbar, einzelnen Arten und Typen von Instrumenten zu beleuchten. Daraus lassen sich praxisnahe Regulierungsvorschläge ableiten. Angesetzt werden muss an den Erfahrungen mit den Wirkungen der

Brandbeschleuniger und Massenvernichtungswaffen. Aus der ökonomischen und gesellschaftlichen Kritik der wichtigsten Gruppen von Spekulationsinstrumenten lassen sich konkrete Vorschläge zur Regulierung gewinnen.

Dass gehandelt werden muss und kann, lehrt die jüngste Finanzmarktkrise. Zutreffend fasst der Bericht von der im Mai 2009 durch Obama eingesetzten Untersuchungskommission des Repräsentantenhauses in den USA unter dem Vorsitz von Phil Angelides zusammen: »Die Finanzkrise ist das Ergebnis menschlichen Handelns, sie ist weder naturgegeben noch auf fehlerhafte Computerprogramme zurückzuführen ... Wir haben geerntet, was wir gesät haben.«[16]

Die Finanzmärkte sind nicht das Ergebnis eines unentrinnbaren Schicksals. Trotz der Anonymisierung und der schwer durchdringbaren Kompliziertheit und Komplexität lassen sich die Produzenten, die Täter, identifizieren und damit deren Aktivitäten auch beeinflussen, sogar abschalten. Die Folgen der wichtigsten Typen an Spekulationsgeschäften werden mit dem Ziel beschrieben, konkrete Vorschläge zu deren Regulierung zu gewinnen.

Derivate-Komplex: Irrationale Spekulanten abschalten

Die Botschaft der Finanzmärkte ist scheinbar einfach, jedoch zugleich höchst gefährlich: Mit der Zukunft lassen

---

[16] *The Financial Crisis Inquiry Report: Final Report of the National Commission on the Causes of the Financial and Economic Crisis in the United States*, Januar 2011. Millionen von Dokumentseiten wurden verarbeitet und mehr als 700 Befragungen durchgeführt, 19 Tage dauerten die öffentlichen Anhörungen.

sich Geschäfte machen. Spekuliert wird heute auf künftige Erwartungen. Diese Termingeschäfte unterscheiden sich somit von Kassageschäften, bei denen die Geschäfte zu den heute geltenden Bedingungen unverzüglich abgewickelt werden.

Ein Beispiel: Es wird jetzt ein Vertrag über den Preis pro Fass Rohöl abgeschlossen, der beim Kauf in drei Monaten genutzt wird. Liegt in drei Monaten der Rohölpreis über dem heute für diesen Zeitpunkt fixierten Preis, bleibt dem Käufer der höhere Preis, den er ohne dieses Termingeschäft hätte bezahlen müssen, erspart. Diese Absicherung der auf Rohöl angewiesenen Produktionswirtschaft gegenüber künftigen Risiken ist ökonomisch durchaus rational, denn dieses Warentermingeschäft verteilt das Risiko zwischen spekulierenden Käufern und Verkäufern. Ein reines Spekulationsgeschäft wird aus dem Derivat erst dann, wenn der Käufer das Rohöl nicht für seine Produktion einsetzt, sondern das Geschäft nur tätigt, um dieses zum faktisch höheren Preis weiterzuverkaufen. Die Preisdifferenz wird zum Quell für den Gewinn.

Zugegebenermaßen ist das Beispiel einfach. Heute wird eine Unmenge komplexer Geschäfte mit der unsicheren Zukunft auf den Finanzmärkten angeboten. Bei den unter dem Sammelbegriff Derivate zusammengefassten Instrumenten handelt es sich um aus Basiswerten abgeleitete Spekulationsinstrumente. Die jeweiligen ökonomischen Basiswerte, die den Ausgangspunkt der Geschäfte bilden, verflüchtigen sich jedoch im Spekulationshype. Derivate basieren ursprünglich auf: Handelsgütern (Rohstoffe, Lebensmittel), Vermögensgegenständen (Wertpapiere wie Aktien und Anleihen), marktbezogene Referenzgrößen (Zinssätze oder Indizes). Auch der ökonomische Wert eines möglicherweise eintretenden Staatsbankrotts oder einer Unternehmensinsolvenz wird mittlerweile in Derivate verpackt. Es dominiert ein kaum noch überschaubarer Derivate-Komplex. Im Minutentakt werden vorrangig von den Großbanken diese künstlichen Finanzmarktprodukte erzeugt. So zählten im Oktober 2011 die Zertifikatshäuser allein 169 434 Anlagezertifikate und Hebelprodukte. An der Stuttgarter Börse waren 840 000 Derivate notiert. Bei der Produktion dieser fiktiven Ansprüche führen in der Europäischen Union die Deutsche Bank und die Commerzbank die Rangliste an. Das weltweite Volumen der Derivate betrug nach Angaben der Bank für Internationale Zusammenarbeit 700 Billionen US-Dollar. Der Handel erfolgt jedoch zu mehr als 85 Prozent nicht über die Börsen, sondern wird zwischen zwei Partnern über den außerbörslichen Handel (»over the counter«, OTC) abgewickelt.

Dieser völlig unkontrollierte außerbörsliche Handel, mit dem Spekulationsblasen entstehen, sollte schlichtweg verboten werden. Darüber hinaus ist es dringend erforderlich, Risiken von Derivaten, auch für die Bankenwelt und die übrige Wirtschaft, offenzulegen und sie zumindest ihrer Explosionsgefahr zu berauben. Dazu gehört auch eine ausreichende Risikovorsorge für die Derivatebestände durch ausreichendes Kernkapital bei den Banken. Außerdem sollten die zuständigen Behörden nach vorgegebenen Kriterien die Zulassung von Derivateprospekten streng prüfen. Den zuständigen Börsen ist die Erhöhung der derzeit recht niedrigen Gebühren für die Emissionen von Derivaten zu empfehlen.

Gegenüber Anlegern müssen die Risiken von Derivaten schonungslos und nachvollziehbar dargestellt werden.

Dazu das Beispiel Zertifikate, Kunstprodukte, die nichts anderes sind als Wetten und deshalb auch verloren gehen können. In der Überschrift zur Anlagebeschreibung sollte es klipp und klar heißen:»Das Risiko dieser Wette ist vergleichbar mit dem Gang ins Spielkasino.« Zusätzlich sollte die Zertifikate anbietende Bank am entsprechenden Schalter die Beschreibung anbringen:»Hier geht es ins Kasino.« Der Regulierungsbedarf ist dabei unübersehbar.

Handel außerhalb der Börse verbieten

Einer breiten Öffentlichkeit blieb lange Zeit die Tatsache verborgen, dass die auf der Basis von mathematischen Modellen kreierten Derivate kaum über den ordentlichen Börsenhandel ge- und verkauft werden. Vielmehr vereinbaren zwei Parteien außerhalb einer Börse oder einer offiziellen Handelsplattform ihr Geschäft. Geht eine Vertragspartei in die Insolvenz, dann verliert die Gegenpartei ihre Ansprüche. Genau dieser außerbörsliche Handel hat beim Absturz der Lehman Brothers Bank ansteckend gewirkt. Die Gegenparteien gingen leer aus und mussten Verluste hinnehmen.

Die G-20-Gruppe hat sich mehrfach für einen klaren Ausstieg aus dem außerbörslichen Handel ausgesprochen. Bisher blieb es jedoch bei den sattsam bekannten Lippenbekenntnissen. Immerhin hat die EU-Kommission im Oktober 2011 strenge Regeln zum nicht über die Börse vorgenommenen Handel unterbreitet. Vom zuständigen Binnenmarkt-Kommissar sind unter dem Motto »Kein Finanzmarkt darf Wild-West-Gebiet bleiben« folgende Vorschläge unterbreitet worden: Alle beteiligten Unternehmen müssen die Daten zu den Derivategeschäften an die

Aufsichtsbehörde melden. Käufer und Verkäufer werden darüber hinaus verpflichtet, ihren Handel über Verrechnungsstellen vorzunehmen. Vorgesehen werden Gegenpartner, sogenannte Clearing-Stellen (CCP), die zwischen den Parteien stehen und als Käufer und Verkäufer auftreten können. Mehr Transparenz und Kontrolle der Geschäfte werden dazu beitragen, die Finanzcocktails zu entgiften.

Verbriefungsgeschäfte: Das Beispiel Mehrfachverpackung von riskanten Krediten

Bei der Verursachung und der weltweiten Verbreitung der jüngsten Finanzmarktkrise hat ein speziell entwickeltes Derivat eine unrühmliche Rolle gespielt. Zu Recht wird der Ausgang der jüngsten Finanzmarktschmelze auf die Immobilienkrise in den USA zurückgeführt. Dort wurde ein handelbares Wertpapier geschaffen, bei dem die gebündelten Hypotheken als Sicherheit dienen (»Mortgage-backed Securities«, MBS). Dabei erhält der Investor, der MBS-Anleihen hält, die Zahlungen der ursprünglichen Kreditnehmer auf monatlicher Basis weitergereicht. Das Instrumentarium wurde ausgebaut und verallgemeinert, dafür steht das Kürzel CDO. Ein Blick hinter dieses strukturierte Wertpapier »Colateralized Debt Obligation« lohnt sich also, denn die hierin schlummernde Krisendynamik wird ebenso sichtbar wie daraus zu entwickelnde Vorschläge zur Regulierung.

Am Anfang stand beispielsweise die Hypothekenbank Countrywide in den USA. Sie vergab an einen privaten Haushalt, bei dem die Einkommen unsicher sind und ansonsten kein relevantes Vermögen vorlag, eine Hypothek mit unzureichender Bonität zum Kauf eines Einfamilienhauses. Nach dem Motto, jede US-Familie könne sich ein Eigenheim leisten, wurde der Kauf unterstützt. Dabei versteckte die Hypothekenbank oftmals im Kleingedruckten die extreme Anhebung der Kreditzinsen nach zwei oder drei Jahren, was dann zur Zahlungsunfähigkeit des Kreditnehmers führen konnte. Das mit dem Hypothekenkredit eingegangene Risiko wurde in der Bankbilanz jedoch nicht durch eine entsprechende Eigenkapitalvorsorge abgesichert, sondern der Kredit wurde durch die Schaffung eines Wertpapiers oder anderer Anleihen in neue Wertpapiere umgepackt. Die durch die Bank erzeugten Risiken ließen sich als »innovatives« Finanzmarktprodukt profitabel verkaufen. Entscheidend war, dass die Verknüpfung zwischen Risikoproduktion und Risikohaftung bei der Bank durch die Verbriefung von Forderungen keine Berücksichtigung mehr fand.[17]

Diese hypothekenbesicherten Wertpapiere wurden jedoch nicht unmittelbar am Markt gehandelt, vielmehr wurde nur der Anspruch auf Zinszahlungen verhökert. Dazwischen trat eine sogenannte Zweckgesellschaft (»Special Purpose Vehicle«, SVP). Diese erwarb die Papiere auf der Basis von Hypotheken und packte sie in festverzinsliche Wertpapiere um, um diese synthetischen Papiere an

---

[17] Hans Werner Sinn beschreibt die Methode der Verpackung zu fiktiven Wertpapieren und die damit kaum noch identifizierbaren Risiken in seinem informationsdichten und interessanten Buch *Kasino-Kapitalismus*. Beim Titel »Kasinokapitalismus« verweist er jedoch nicht auf die Herkunft dieses Begriffs aus der allgemeinen Theorie von John Maynard Keynes. Hans-Werner Sinn, *Kasino-Kapitalismus. Wie es zur Finanzkrise kam und was jetzt zu tun ist*, Berlin, 2. überarbeitete Auflage 2009.

den Finanzmärkten weiterzuverkaufen, oft vorfinanziert durch kurzfristige Kredite. Diese neuen Produkte wurden dabei in mehrere Tranchen aufgeteilt. Bei Tranchen mit hoher Bonität war die Verzinsung niedriger, jedoch das Ausfallrisiko minimal. Bei den Tranchen mit nachrangiger Qualität wurde für das höhere Risiko auch ein höherer Zinssatz verlangt. Die Ratingagenturen spielten dabei mit und erteilten diesen abenteuerlichen Finanzprodukten auch noch Bestnoten – ohne dafür Verantwortung übernehmen zu müssen.

Als die Immobilienfinanzierung durch die einkommensschwachen Hauseigentümer im großen Stil zusammenbrach, erwiesen sich die synthetischen Produkte als das, was sie schon immer waren: als wertlos. Als die Immobilienpreise in den USA stiegen, konnten viele Kreditnehmer aufgrund von Arbeitslosigkeit oder anderer Einkommenseinbußen die ohnehin eng gestrickte Finanzierung der Zinsen und Tilgung nicht mehr zahlen: Der Fluss von Einnahmen an die Zweckgesellschaften versiegte, denn die Zinsen aus den festverzinslichen Wertpapieren konnten gegenüber den Gläubigern nicht mehr bedient werden.

Es kann eigentlich niemanden überraschen: Diese Geldschöpfungsmaschine musste zusammenbrechen. Zuvor hoch gelobte Finanzmarktinnovationen erwiesen sich als toxisch. In den Bilanzen der Banken mussten Abschreibungen vorgenommen werden und dadurch entstanden für die beteiligten Geldinstitute bedrohliche Verluste.

Die Illusion von der Profitabilität der Abteilung Verpackungsgewerbe innerhalb der Banken ist geplatzt. Blieben die Verluste auf die Hasardeure der Finanzwelt beschränkt, wären dort nur die einzelnen Verlierer am Zuge – und diese hätten es wegen ihres verantwortungslosen Geschäftsgebaren auch nicht besser verdient. Aber diese Verpackungsgeschäfte lösten eine Kettenreaktion bis in die Produktionswirtschaft aus. Zögerliche Kredite durch die betroffenen Banken wurden zum Transportweg der Finanzmarktkrise in die produzierende Unternehmenswirtschaft. Überlagert wurde die Situation durch eine tiefe Vertrauenskrise zwischen und gegenüber den Banken.

Die Mängel bei der Regulierung dieser Produktgruppe zeigen zugleich Ansatzpunkte zum Handeln:

- *Mangelnde Transparenz:* Die Transparenz war vor allem auch wegen der Mehrfachverpackung der verbrieften Hypothekenkredite nicht gegeben. Die eigentliche Risikoquelle, die mangelnde Bonität und Liquidität der ursprünglichen Kreditnehmer war im Zockerprodukt nicht mehr zu erkennen.

- *Fehlende Verantwortung:* Die Ratingagenturen hatten durch die opportunistische Vergabe von Spitzennoten für die wertlosen Wertpapiere die Finanzmärkte falsch informiert, dafür aber nicht die Verantwortung übernommen.

- *Fehlende Aufsicht:* Die Zweckgesellschaften, die meist außerhalb der Bilanz geführt wurden, unterlagen nicht der Aufsicht des Gesamtinstituts.

- *Mangelhafte Finanzierung:* Käufe von langfristig bindenden Wertpapieren wurden kurzfristig finanziert.

Ausreichende Regulierungen zur Vermeidung künftiger Krisen mit diesen Verpackungsprodukten wurden trotz der bitteren Erfahrungen kaum in Angriff genommen. Dabei ist die Regel, die es einzuführen gilt, ziemlich einfach: Künftig dürfen Banken beispielsweise Hypothekenkredite nur noch zur Hälfte verbriefen. Für die andere Hälfte muss eine Eigenkapitalvorsorge betrieben werden. Hätte es diese Bremse bei der Vergabe von Hypothekarkrediten gegeben, hätte dieser Treibsatz der Finanzmarktkrise gar nicht erst gezündet werden können. Verantwortung für die Hypothekenkrise tragen auch zahlreiche Banker und Anlageberater, die nicht einmal das Grundrisiko dieser Anlagen erkannten oder auf ihr mangelndes Wissen hinwiesen. Die Verpflichtung ist klar: Banker dürfen künftig nur die Geschäfte machen, die sie selbst verstehen und verantworten können. Dies betonen zu müssen deutet auch auf die ethische Verwahrlosung der Bankenwelt hin. Moralische Appelle bewirken in der Welt der Gier wenig. Das angemessene Verhalten muss durch einklagbare Regeln erzwungen werden.

Eilmeldung: Ein neues Zockerpapier am Markt

Der Erfindungsreichtum bei Zockerpapieren scheint unergründlich zu sein. Trotz der Schwüre auf Besserung als Lehre aus der Finanzmarktkrise werden neue Wettpapiere kreiert. Dazu ein aktuelles Beispiel. Die Banken, auch die »Sparkassen-Broker«, bieten neuerdings ein Finanzmarktprodukt an, das es in sich hat. Es handelt sich um CFD (»Contracts for Difference«), sogenannte finanzielle Differenzkontrakte. Geschaffen wurde es in den 1980er Jahren in England. Damals entwickelten einige große Aktienhändler dieses Konstrukt, um die britische Stempelsteuer mit 0,5 Prozent am Londoner Finanzplatz zu umgehen. Die Steuerfreiheit konnte durch die Verlagerung auf den außerbörslichen Handel erreicht werden. Dieses Derivat wird derzeit vermehrt in Deutschland auch Kleinkunden angeboten.

Mit diesem Finanzprodukt setzt der Anleger bei Aktien auf die Differenz zwischen dem Öffnen und Schließen von Kauf- oder Verkaufsoptionen. Der Gewinn ergibt sich aus der Differenz zwischen dem Einstands- gegenüber dem Ausstiegskurs des CFD. Und wieder wird ein Hebeleffekt eingebaut: Die Sicherheitsleistung (»Margin«), die beim Kauf hinterlegt werden muss, reduziert sich auf einen Bruchteil des Kapitals, das am Markt bewegt wird. Mit einem verhältnismäßig geringen Wetteinsatz lassen sich somit große Positionen bewegen. Dieser Hebeleffekt erhöht die in diesem Instrument schlummernden Risiken. Schließlich wird dieses Produkt in der Regel nur außerbörslich, also jenseits der Finanzdienstleistungsaufsicht gehandelt. Dazu bieten Banken ihren Kunden sogenannte CFD-Handelsplattformen an.

Dieser derzeit angebotene finanzielle Differenzkontrakt missachtet die Grundlehren aus der Finanzmarktkrise. Dieses Derivat hat erstens mit in den Produktionsstätten geschaffenen ökonomischen Werten, die sich in Aktien abbilden sollen, nichts mehr zu tun, denn es geht nicht um die ökonomisch rational fundierte Kapitalbesorgung durch die Ausgabe von Aktien an der Börse. Der Handel mit Wetten auf Kursveränderungen erfolgt vielmehr davon abgetrennt. Zweitens wird mit einem erheblich geringeren Einsatz ein viel höheres Wettvolumen bewegt, und dieser Hebel ermöglicht ein Vielfaches an Risiken. Drittens wird mit dem Angebot von Analysen zur Entwicklung der betroffenen Marktanalysen der Eindruck erweckt, als seien das sichere Aussagen. Es handelt sich jedoch um Prognosen, deren Risiken normale Anleger nicht abschätzen können.

Es gibt nur eine klare Entscheidung: Dieses Derivat sollte zumindest durch strenge Regeln unattraktiv gemacht werden. Dazu gehört das Verbot der per Hebel derzeit möglichen Vervielfachung des Einsatzes. Der Handel mit den regulierten Differenzprodukten darf künftig nur noch auf aufsichtsrechtlich kontrollierten Börsen stattfinden. Erst mit der generellen Abschaffung des Handels außerhalb der Börse werden diese Finanzcocktails durch die Aufsichtsbehörde erfassbar und kontrollierbar.

Nackte Leerverkäufe dauerhaft verbieten

Die Ziele und die Funktionsweise eines Leerverkaufs wird durch folgendes Beispiel deutlich: Ein Freund verleiht einen DVD-Spielfilm mit der Festlegung eines Rückgabetermins. Der Entleiher verkauft diese DVD jedoch sogleich wieder über das Internt. Zum Termin der Rückgabe besorgt er sich die DVD zu einem Preis, der hoffentlich dann unter dem der verkauften DVD liegt, wobei er einen kleinen Gewinn erzielt. Derartige Geschäfte sind in der Warenwelt unüblich, an den Börsen für Aktien und Anleihen sind derartige Spekulationen mit dem Instrument der Leerverkäufe jedoch weit verbreitet. Nach einer Studie wurde für das Jahr 2007 der Anteil dieser Spekulationsgeschäfte am Aktienmarkt auf über 40 Prozent geschätzt.

Bei gedeckten Leerkäufen (»Short Selling«) leiht sich der Finanzinvestor Wertpapiere wie Aktien und Staatsanleihen, aber auch Devisen, beispielsweise von einer Bank. Dafür zahlt er an den Entleiher eine Provision. Für die Rückgabe wird ein späterer Termin, meistens in wenigen Tagen, vereinbart. Der Leerverkäufer spekuliert auf einen Kursverfall. Im ersten Schritt werden die geliehenen

Aktien zum aktuellen Kurs verkauft. In einem zweiten Schritt muss der Leerverkäufer jedoch zum mit der Bank vereinbarten Termin das Geschäft »glattstellen«, also die geliehenen Aktien zurückgeben. Diese besorgt er sich zu einem dann erhofft niedrigeren Kurs. Der Gewinn aus dem Termingeschäft resultiert aus der Differenz zwischen dem niedrigeren Kurs gegenüber dem Preis, der beim Verkauf der entliehenen Aktien realisiert wurde. Das Interesse an der Gewinnmaximierung schafft durchaus Anreize, die Kurse der später zu besorgenden Wertpapiere nach unten zu treiben. Durch den Verkauf riesiger Mengen an geliehenen Aktien wird versucht, einen solchen Kursverfall schließlich auch zu erzeugen.

Eine besonders aggressive Form dieser Spekulationen auf Kursverfall sind die ungedeckten Leerverkäufe (»Naked Short Selling«). Hier werden etwa Aktien mit der Erwartung auf später sinkende Kurse geliehen und verkauft. Die Aktien liegen jedoch zum Zeitpunkt des Verkaufs physisch nicht vor. Dieser virtuelle Verkauf wird möglich, weil das Wertpapier erst ein paar Tage später vorliegen muss. Dieses ungedeckte Termingeschäft verspricht kurzfristig hohe Spekulationsgewinne. Diese Geschäfte sind somit für Spekulanten an den Börsen ein gefundenes Fressen. Durch den geballten Einsatz von Leerverkäufen mit Staatsanleihen werden hohe Gewinne erzielt, allerdings führen diese Spekulationen zu einer gefährlichen Destabilisierung der Finanzmärkte. Die nach unten spekulierten Kurse lassen die Zinssätze, die für neue Anleihen der Krisenländer gezahlt werden müssen, nach oben steigen. Die zugleich durchgeführten ungedeckten Leerverkäufe der Finanzkonzerne treiben deren Kurse nach unten.

Ein beliebtes Finanzmarktprodukt, das bei ungedeckten Leerverkäufen eingesetzt wird, sind Kreditausfallversicherungen (»Credit Default Swaps«, CDS). Das Basisgeschäft ist eine auf Staatsanleihen bezogene Kreditausfallversicherung. Der Versicherungsgeber erhält eine Prämie und garantiert dafür, im Fall des Forderungsausfalls einzuspringen. Die Prämie wird regelmäßig, meist vierteljährlich, nachträglich bezahlt. Die Angabe der Höhe der Prämie erfolgt in standardisierten Basispunkten pro Jahr. Eine laufende Prämie von 500 Basispunkten besagt, dass bei einem Kreditvolumen von 200 Millionen Euro eine Prämienzahlung von 10 Millionen Euro zu leisten ist (5 Prozent vom Kreditvolumen). Die Höhe der Prämie hängt wiederum von der Ausfallwahrscheinlichkeit ab. Die Triebkraft derartiger Spekulation liegt auf der Hand: Je höher der Bonitätsverlust, beispielsweise einer italienischen Anleihe, ausfällt, umso höhere Prämien werden durchgesetzt. Besitzer italienischer Staatsanleihen versuchen, sich mit Kreditausfallversicherungen zu hohen Prämien einzudecken. Die Perversion des Versicherungsgedankens ist bei den CDS unübersehbar: Bei einem völlig übersicherten Haus wächst der Anreiz, die Prämien durch einen Brand dieses Objekts zu erzielen.

Solche ungedeckten Leerverkäufe irrationalisieren das Börsengeschehen. Spekulativ werden durch ungedeckte Leerverkäufe Kursausschläge nach oben und unten beschleunigt. Die gestörte Signalfunktion der Preise führt zu Fehlentscheidungen. Schließlich werden die Krisenkosten im Eurosystem erhöht. Jeder einigermaßen vernünftige Vertreter der Marktpreisbildung müsste sich für die Abschaffung dieser ungedeckten Leerkäufe einsetzen. Denn die ausschließliche Absicht der Akteure ist es, mit Kursmanipulationen kurzfristig Spekulationsgewinne einzuheimsen. Nach den bitteren Erfahrungen in der Eurokrise wird auf breiter Front ein dauerhaftes Verbot der Leerverkäufe gefordert. Verteidiger der Effizienz von Märkten müssten zustimmen.

Auf dem Höhepunkt der Finanzkrise wurden im Herbst 2008 weltweit ungedeckte Leerverkäufe zeitweise verboten, doch schon bald darauf vielerorts wieder erlaubt. In Deutschland wurde erstmals im Mai 2010 durch die Bundesanstalt für Finanzdienstleistungsaufsicht (BaFin) Leerverkäufe mit Aktien der zehn größten Finanzkonzerne verboten; nachgeschoben wurde wenige Monate später das Verbot von Leerverkäufen mit staatlichen Schuldtiteln sowie von ungedeckten Kreditderivaten. Untersagt wurden außerdem ungedeckte Kreditausfallversicherungen auf Verbindlichkeiten von Euro-Staaten. Im August 2011 reagierten schließlich die Aufsichtsbehörden in Frankreich, Spanien, Italien und Belgien, zuvor schon in Griechenland. Die Leerverkäufe von elf am französischen Markt notierten Finanzkonzernen wurden aber nur für fünfzehn Tage untersagt. Erst ein dauerhaftes Verbot »ungedeckter Leerverkäufe« trägt zur Stabilisierung der Finanzmärkte bei. Damit wird zugleich den Spekulantenbanken ein Geschäftsbereich entzogen.

Nahrungsmittel und Rohstoffe: Gegen die Preistreiber per Spekulationen

Die Finanzmärkte tendieren dazu, alles, was sich für Zockergeschäfte eignet, zu versilbern. Dabei gehen die ökonomischen, sozialen und ökologischen Belastungen im kurzfristigen Spekulationszauber unter. Dieser durch Gier getriebene, sich selbst überlassene Zockerimperalismus kennt mittlerweile keine Grenzen mehr. Den Bezug zum Gebrauchswert gesellschaftlicher Produktion ignorieren diese Kreationen in der fiktiven Welt der Finanzmärkte. Entscheidend sind die Erwartungen über die künftige Entwicklung von Preisen, Kursen, Zinsen und Indizes, auf die heute Wetten abgeschlossen werden.

Ein groß dimensionierter Schwerpunkt dieser Spekulationsgeschäfte ist der Handel mit allen Rohstoffen. Gegenstand für Finanzwetten sind dabei auch die Agrarrohstoffe wie Weizen, Mais, Reis, Sojabohnen, Zucker, Kakao oder Fleisch. Als viele der Finanzmarktprodukte in der Krise seit 2007 ihrer Wertlosigkeit überführt wurden, nahm der Run auf die Spekulationen mit Rohstoffen und Nahrungsmitteln deutlich zu: Rohstoffe wurden zum vorrangigen Investment gekürt. Der rasant gestiegene Handel über die Warenterminbörsen ist unübersehbar. Die naheliegende Erwartung, selbst der Spekulationshandel würde durch vorgegebene Mengen an Rohstoffen und Ernten begrenzt, wird durch die Wirklichkeit widerlegt. Heute wird geschätzt, dass der Handel allein mit Rohstoffen zwanzigmal höher ausfällt als die physisch vorhandenen Mengen. Die auf den Rohstoffmärkten bewegten Finanzvolumina haben sich vervierfacht.

Die Preise für die Getreidearten Weizen, Reis und Mais stiegen von 2000 bis Frühjahr 2011 im Durchschnitt um über 150 Prozent. Auch Preissprünge bei Rohöl, Rohkaffee, Getreide und vielen anderen Rohstoffen lassen sich nicht mit der ehernen Regel von Angebot und Nachfrage erklären. Auf den meisten Märkten liegen nicht einmal eine Angebotsverknappung und/oder ein sprunghafter Anstieg der Nachfrage vor. Der Rohkaffeepreis beispielsweise ist trotz einer Ausweitung der Anbauflächen in Asien auf ein Niveau von zuletzt vor 34 Jahren gestiegen. Insgesamt muss festgestellt werden, dass zur Erzielung von zweistelligen Renditen weltweit über eine Milliarde Menschen hungern. Preissprünge treffen also vor allem die Ärmsten der Armen.

Mikroökonomisch fundierte Untersuchungen zeigen den wachsenden Einfluss von Spekulationsgeschäften auf die Preissprünge von allgemeinen und agrarischen Rohstoffen.[18] Durch Datenanalysen und Interviews mit den Akteuren auf den Rohstoffmärkten wird die These von den finanzmarktgetriebenen Preisen auf den Warenterminmärkten eindeutig belegt. Dabei wird die irrationale Preisdynamik durch Spekulationsgeschäfte über strategisches Verhalten der Investmentfonds sowie irrationales Herdenverhalten verstärkt.

Das neue wichtige Instrumentarium bei den »Wetten auf Hunger« sind Anlagen in Rohstoff-Futures. Nach Angaben der Rohstoffexperten der britischen Großbank Barclays wurde im März 2011 innerhalb und außerhalb der Börsen bei Wertpapieren zur Spekulation auf Preissteigerungen ein Volumen von über 600 Milliarden US-Dollar gehandelt. Das ist gegenüber dem Beginn des Jahrtausends das Vierzigfache.

Der Terminhandel für saisonabhängige Agrarprodukte hat eine lange Tradition. Ein Beispiel von Termingeschäften gab es bereits im antiken Griechenland: Der griechische

---

[18] UNCTAD, Arbeitnehmerkammer Wien, *Price Formation in Financialized Commodity. The Role of Information,* vom Sekretariat der UNCTAD unter Leitung von Heiner Flassbeck erarbeitete Studie.

Philosoph Thales konzentrierte sich auf die Tatsache, dass viele Griechen ihren Lebensunterhalt als Olivenbauern bestritten. Die dazu benötigten Olivenpressmaschinen ließen sich von verschiedenen Händlern leihen. Thales prognostizierte mit seinen Untersuchungen über das Wetter eine längere Hitzeperiode zugunsten einer üppigen Olivenernte. Er entschied sich, alle Olivenpressmaschinen für einen sehr niedrigen Preis zu mieten. Als eine längere Hitzeperiode Wirklichkeit wurde, konnte Thales seine Olivenölpressen zu einem deutlich höheren Preis weitervermieten. Ein weiteres Beispiel für traditionelle Termingeschäfte war der Bauer, der seine Ernte vor der effektiven Lieferung an das Mühlenunternehmen verkaufte. Diese überschaubaren Geschäfte galten der Absicherung gegen unerwartete Preisschwankungen. Erst mit der Lockerung der Beschränkungen im Börsenhandel mit agrarischen Rohstoffen, die im Jahr 2000 einsetzte, gewannen reine Finanzwetten die Oberhand.

Die bitteren Folgen dieses unsozialen Zockergeschäfts lassen nur eine Lösung zu: Finanzinstrumente zur Spekulation auf Profite mit Rohstoffen bis hin zu wichtigen Lebensmitteln müssen nachhaltig kontrolliert und zum Teil sogar verboten werden. Denn heute sind Hungersnöte in vielen Teilen der Welt maßgeblich auch auf Spekulationen von Getreideernten, die noch nicht einmal eingefahren sind, zurückzuführen.

Mittlerweile sind hier die Großbanken und die Hedgefonds massiv tätig. Auch die Deutsche Bank mischt bei diesen Geschäften zur Vermehrung ihrer Rendite kräftig mit. Eine Untersuchung von Harald Schumann lieferte erdrückende Belege, wonach die Deutsche Bank mit ihrem spekulativen Handel von Lebensmitteln zur Ausweitung des Hungers beigetragen haben soll.[19] Ein freiwilliger Verzicht der Deutschen Bank auf diese, den Hunger in vielen Teilen der Welt vorantreibenden Geschäfte, wäre ein erster Schritt. Um jedoch vom moralischen Wohlwollen der Deutschen Bank und anderer Spekulationsfonds nicht abhängig zu bleiben, sind kontrollierbare Regeln für die Warentermingeschäfte aufzustellen. Der Anstieg von ehemals 600 erlaubten Kontrakten pro Handelsteilnehmer an der Terminbörse in Chicago auf 22 000 für Mais, 10 000 für Sojabohnen und 6500 für Weizen muss durch Regulierungen massiv zurückgefahren werden.[20]

Die für die Aufsicht über die Terminwarenbörsen in USA zuständige Institution Commodity Futures Trading Commission (CFTC) hat bereits in den letzten Jahren Regeln zur Beschränkung der Spekulationsgeschäfte eingeführt und neue Regeln nach dem Dodd-Frank-Act hinzugefügt, der im Juli 2010 als Reaktion auf die internationale Finanzmarktkrise von 2007 in Kraft trat. Hinter der CFTC verbirgt sich eine unabhängige Behörde, welche 1974 gegründet wurde und den Handel mit Futures und Optionen auf Rohstoffe in den USA reguliert. Hauptaufgabe der Behörde ist es, die Handelsteilnehmer auf den Rohstoffmärkten vor Manipulation und Betrug zu schützen. Dafür überwacht die CFTC die Bildung der Preise auf den Rohstoffmärkten. So untersucht sie beispielsweise, wie groß der Einfluss der Spekulanten auf die Preisbildung ist. Bei Unregelmäßigkeiten darf die Behörde einschreiten und beispielsweise Obergrenzen für offene Positionen der

---

[19] Harald Schumann, »Das Brot an den Börsen: Wetten auf den Hunger«, in: *Blätter für deutsche und internationale Politik* 12/2011.
[20] Harald Schumann, S. 72.

Marktteilnehmer festlegen. Auch stellt die CFTC monatliche Berichte über die Entwicklung auf den Rohstoffmärkten bereit, welche auf deren Internetseite einsehbar sind.

Es braucht über den Dodd-Frank-Act hinaus zur Entmachtung der Spekulationsmärkte deutlich schärfere Regeln:

– *Kontrollierte Abwicklung:* Alle Terminwarengeschäfte müssen künftig über regulierte und kontrollierte Börsen abgewickelt werden. Damit lassen sich Transparenz herstellen und die Kontrolle der Märkte sichern.

– *Identifikation der Händler:* Die Händler, die an den Börsen vor allem mit Lebensmitteln Geschäfte machen, müssen eindeutig zu identifizieren sein.

– *Begrenzung der Kontrakte:* Bei den Händlern sind Rohstoffkontrakte insgesamt auf maximal 25 Prozent der Rohstoffmenge zu begrenzen. Die Zahl der durch den Händler gehaltenen Kontrakte ist ebenfalls zu limitieren.

– *Hinterlegung von Sicherheiten:* Beim Spekulationshandel sollten Sicherheiten (»Margins«) hinterlegt werden, wie es heute schon beim Rohölhandel vorgesehen ist. Beim Weizen wird vorgeschlagen, wenigstens 3 Prozent der Weizenposition zu binden.

– *Verbot von Nahrungsmittelspekulationen:* Spekulationsgeschäfte mit Lebensmitteln, die zu Hungersnöten führen können, sollten verboten werden.

– *Besteuerung von Handelsgeschäften:* Im Kontext der Finanztransaktionssteuer sind die Handelsgeschäfte zu besteuern.

Schon mit diesen wenigen Regeln ließen sich wohlstandsgefährdende Spekulationsgeschäfte mit Rohstoffen und Lebensmitteln wirksam eindämmen.

Invasion der Robotrader:
Ausstieg aus dem Hochfrequenzhandel

Am 6. Mai 2010 gegen 14.30 Uhr kam es auf den amerikanischen Aktienmärkten innerhalb weniger Minuten zu einem Kurssturz, dem in kürzester Zeit eine Erholung folgte. Dieser Flash-Crash löste nicht nur an den Börsen einen Schock aus, obwohl er nur zehn Minuten dauerte. Gehandelt wurden währenddessen beinahe 1,3 Milliarden Aktien – das Sechsfache des Durchschnitts. Zahlreiche Aktien fielen innerhalb weniger Minuten um bis zu 99 Prozent auf einen Bruchteil ihres ursprünglichen Kurses. Was war geschehen? Von Tippfehlern um mehrere Zehnerpotenzen eines Aktienhändlers war die Rede. Vergleichbar dem Schwarzen Montag am 19. Oktober 1987 wurde die Ursache in den Computerprogrammen mit fixierten Kursen, ab denen die Order auf Verkauf gilt, gesehen.

Solche völlig irrationalen Kursausschläge, die mit Angebot und Nachfrage nichts zu tun haben und die durch Panikreaktionen verstärkt werden, verweisen auf einen neuen Krisenkomplex: Auf der Basis von vernetzten Computern und entsprechenden Abwicklungsprogrammen hat sich der Hochfrequenzhandel (»High Frequency Trading«, HFT) durchgesetzt. In den USA wurde 2009 das HFT-Volumen bei Aktien auf circa 70 Prozent geschätzt. In Europa liegt der Anteil bei 50 Prozent, in Deutschland bei 40 Prozent.

Die Art und Weise, wie Aktien, Derivate und Währungen an den Handelsplätzen gehandelt werden, wird als »algorithmische Revolution« gefeiert: Computergestützte Kauf- und Verkaufsorders von Finanztiteln können extrem schnell, innerhalb von Millisekunden, ausgelöst und abgewickelt werden. Das hier eingesetzte Geschäftsmodell setzt auf Profite durch eine sehr hohe Anzahl von Transaktionen mit vergleichsweise kleinen Losgrößen. Entweder stückeln Großinvestoren ihre Aufträge über den Computer in kleine Portionen, um größere Kursveränderungen zu vermeiden, oder Banken und andere Akteure kaufen enorme Aktienmengen, um diese nach wenigen Sekunden mit Gewinn zu verkaufen. Die meisten HFT-Programme treffen ohne Kenntnis des realen Firmenbesitzes oder der Wertdeterminanten einer Währung Entscheidungen.

Die übliche Rechtfertigung für den Hochfrequenzhandel setzt auf eine viel schneller verfügbare und bewegbare Liquidität. Dieser positiven Wirkung steht nicht erst nach dem Flash-Crash die wachsende Krisenanfälligkeit gegenüber. In starken Marktphasen kommt es zur Liquiditätsexpansion, während unter umgekehrten Marktvorzeichen der Hochfrequenzhandel zum Verlust von Liquidität führen kann. Produziert werden extreme Kursausschläge. HFT-Programme sind auch missbrauchs- und manipulationsanfällig. Die Deutsche Bundesbank hat in ihrem *Finanzstabilitätsbericht* 2011 in einem hervorgehobenen Kasten auf den Regulierungsbedarf in dem Hochfrequenzhandel hingewiesen.[21]

Aufgrund des Flash-Crashs wurden in den USA im Juni 2010 neue Regeln für die US-Börsen aufgestellt: Verliert der Standard-&-Poor's-Aktienindex innerhalb von fünf Minuten mehr als 10 Prozent, muss der Handel mit Aktien für die nächsten fünf Minuten ausgesetzt werden. Darüber hinaus gab es weiterreichende Vorschläge zur Einschrän-

---

[21] Deutsche Bundesbank, *Finanzstabilitätsbericht* 2011, Frankfurt a. M., November 2011.

kung des Hochfrequenzhandels durch die Börsenaufsicht: Eingeführt werden sollen einheitliche Standards zum Risikomanagement für die Hochfrequenzhändler sowie deren Zugangsanbieter (Prime Broker). Vor allem müssen die Systeme immer wieder auf Fehlervermeidung überprüft werden.

Damit kein Missverständnis entsteht: Im Kern ist die Finanzmarktkrise nicht ursächlich auf den automatisierten Hochfrequenzhandel zurückzuführen. Aber durch den profitwirtschaftlichen Handel in Millisekunden wird das Krisenpotential und die Irrationalität an den Börsen gesteigert.

Zündelnde Ratingagenturen bedeutungslos machen

Immer wenn es zu Krisen auf den Finanzmärkten kommt, gelten Ratingagenturen heute nicht als ein funktionierendes Frühwarnsystem einer Feuerwehr – eher wirken sie wie Brandbeschleuniger. Das ursprüngliche Geschäft mit der Bewertung von Unternehmen, vor allem der Banken, wurde mittlerweile auf die Benotung ganzer Staaten ausgeweitet. Einem Selbstverstärkungseffekt vergleichbar steigen durch schlechtere Noten die im Zuge der Besorgung neuer Kredite zu zahlenden Zinsen. Ohne die Abwertung als Außenstehende nachvollziehen zu können, nützen die Spekulanten die Urteile bei der Ausrichtung ihrer Zockergeschäfte.

Ein genauer Blick auf die Ratingagenturen lohnt sich. Auf den Finanzmärkten haben sie die Aufgabe übernommen, die Qualität von emittierten Schuldverschreibungen zu bewerten. Sie stufen aber auch die Kreditwürdigkeit (Bonität) von Banken sowie vor allem von börsennotierten Unternehmen der Privatwirtschaft ein. Mittlerweile wird auch für Staaten deren Finanzierungsfähigkeit über die Staatsanleihen bewertet.

Die Basis der Urteilsfindung bilden die veröffentlichten Zahlen durch die Unternehmen sowie die Beurteilung des Managements. Alle Informationen werden in einer einzigen Note beziehungsweise unter Angabe von Bandbreiten zusammengefasst. Die Notenvergabe kann schwere Folgen haben: Kommt es zu einer schlechteren Bewertung, dann steigt der Preis, der bei der Finanzierung über die Kapitalmärkte zu bezahlen ist. Staaten beispielsweise müssen für die öffentlichen Kredite erheblich höhere Zinsen zahlen. Dadurch steigen die Kosten der Aufnahme neuer Kredite, um die an die Gläubiger nach Fälligkeit auszuzahlenden Verbindlichkeiten zu finanzieren. Denn im Ausmaß der Kredite, die zu tilgen sind, müssen neue Staatsanleihen auf den Kapitalmärkten platziert werden. Von der jeweiligen Note hängt es ab, ob überhaupt und, wenn ja, zu welchem Preis, die Kapitalmärkte bereit sind, neue Kredite zu geben.

Der Einfluss der Ratingurteile auf die Wirtschaft, insbesondere die Finanzinstitutionen sowie die Öffentlichkeit ist groß. Deshalb stellt sich die Frage nach der unternehmerischen und rechtlichen Stellung von Ratingagenturen. Diese Unternehmen arbeiten privatwirtschaftlich und werden von den Unternehmen, die auf diese Bewertungen im Rahmen ihrer Kapitalbesorgung angewiesen sind, fürstlich honoriert. Üblicherweise wird für die Benotung der Staatsanleihen den betroffenen Staaten keine Rechnung ausgestellt: Die Informationsproduzenten benoten ohne

Auftrag und ohne Bezahlung (»unsolicited«). Hier geht es eher um eine Werbeaktion der Ratingagenturen, mit der sich diese unverzichtbar machen möchten. Gegenüber der unter privatwirtschaftlichen Bedingungen erfolgten Benotung handelt es sich bei dem Produkt Information um eine quasi hoheitliche Aufgabe. Denn die Finanzmärkte erzeugen wegen ihrer komplizierten Produkte sowie der vorherrschenden Anonymität systematisch Informationsdefizite.

Dazu ein Beispiel: Das Ursprungsrisiko einer Colateralized Debt Obligation (CDO), also eines festverzinslichen Wertpapiers, das auf der Mehrfachverpackung von verbrieften Hypothekenkrediten basierte, die in einem Vorort von Chicago vergeben wurden, war weder für den Verkäufer noch für den Käufer fundiert zu bewerten. Deshalb wurde der Rat der Ratingagenturen eingeholt, die in der Vergangenheit solch explosive Zockerinstrumente mit Bestnoten auszeichneten. Das war keine Überraschung, denn Finanzoligarchen, welche diese Wertpapiere ausgaben, waren gleichzeitig profitable Auftraggeber der Ratingagenturen. Die derart erzeugte Falschinformation trug maßgeblich zum Absturz der Finanzmärkte bei. Die Ratingagenturen jedoch mussten bisher keine Verantwortung übernehmen – und konnten sich nicht einmal zu einer Entschuldigung durchringen. Dieser Widerspruch zwischen Geschäftspolitik und der Übernahme einer quasi staatlichen Informierung erzwingt die Zurückdrängung der Ratingagenturen.

Handlungsbedarf ergibt sich auch wegen des monopolistischen Anbietermarktes. Die drei großen Ratingagenturen, die vom Finanzplatz Wall Street aus agieren, beherrschen 95 Prozent des Weltmarkts. Dabei fällt auf,

dass diese drei Unternehmen aus dem Umfeld von Presse-
häusern auf eine lange Tradition verweisen können:

– *Standard & Poor's (S & P)* gilt als die älteste Einrichtung.
Damals hatte der Gründer Henry Varnum Poor den Anlegern mit einem Handbuch über Eisenbahngesellschaf-
ten relevante Informationen vermittelt. 1941 erfolgte die
Verschmelzung unter anderem mit Poor's Publishing
Company zur Ratingagentur Standard & Poor's. Bekannt ist auch der weltweit relevante Aktienindex Standard & Poor's 500, der auf 500 börsennotierten Aktiengesellschaften beruht. Diese Ratingagentur dominiert
mit 40 Prozent den Weltmarkt und gehört heute zum
Medienkonzern McGraw-Hill

– *Moody's* wurde 1909 von John Moody als Moody's In-
vestors Service gegründet und wurde seit 1975 von der
US-Börsenaufsicht anerkannt. Moody's beherrscht 40
Prozent des Marktes.

– *Fitch Ratings* mit 15 Prozent Marktanteil wurde 1924
von John Fitch in New York aus der Fitch Publishing
Company geschaffen. Fitch Ratings ist zu 60 Prozent
im Besitz einer französischen Holding, die wiederum
mehrheitlich dem französischen Geschäftsmann Marc
Ladreit de Lacharrière gehört.

Alle drei Agenturen bewerten die Bonität der auf Kredite angewiesenen Unternehmen und Staaten nach ihren jeweils eigenen, jedoch sehr ähnlichen Benotungssystemen.
Bei den drei Ratingagenturen ist die beste Note ein dreifa-
ches A (»Tripple A«). Die nächstbeste Note kennzeichnet
eine sichere Anlage, wenn auch ein leichtes Ausfallrisiko
besteht. Bei den Noten B 2 (Moody's) und B (S & P und
Fitch) handelt es sich um Ramschanlagen, die extrem spekulativ sind und durch hohe substanzielle Risiken gekenn-

zeichnet sind. Bei den Noten spielt der Ausblick auf die Zukunft ein wichtige Rolle (»Investment Grade«).

Eine starke Signalwirkung lösen die Agenturen aus, wenn die bisherige Note durch eine schlechtere Bewertung abgelöst wird. So setzte S & P kurz vor der Entscheidung einer Ausweitung der Finanzhilfen für Griechenland am 12. Mai 2011 die Bewertung langfristiger Staatsanleihen um drei Stufen von B (hochspekulative Anlage) auf die Note CCC (»Tripple C«) für Ramschanleihen herab. Diese Note signalisierte den Gläubigern substanzielle Risiken durch einen möglichen Kreditausfall sowie eine langfristig negative Perspektive der ökonomischen Erholung Griechenlands. Diese Abwertung wirkte in den Bemühungen um die Rettung Griechenlands wie ein Brandbeschleuniger. Den USA wurde durch dieselbe Ratingagentur im April 2011 gedroht, die Note für die Kreditwürdigkeit von AAA wegen der wachsenden Schuldenlast abzusenken; dazu wurde beim Ausblick auf die amerikanische Wirtschafts- und Schuldenentwicklung die langfristige Benotung von »stabil« auf »negativ« gesenkt.

Die Benotung der Kreditwürdigkeit durch Ratingagenturen ist höchst umstritten. Sie konzentrieren sich auf die Aufgabe, die Informationsnachteile für Anleger auf den Kapitalmärkten abzubauen. Dabei kann ihr völlig überschätztes, allmächtiges Urteil für Unternehmen und Staaten massive Folgen haben. Sind die Noten zu gut, profitieren die Investmentbanken, welche die bewerteten Finanzprodukte aufgelegt haben. Die Benachteiligten sind die Anleger, die auf das Urteil vertraut haben. Je schlechter dagegen die Note, umso höhere Zinsen müssen gezahlt werden; im Extremfall kann es sogar zum Boykott bei der Kreditvergabe kommen.

Schließlich stellt sich die Frage, wie diese monopolistischen Beratungsanbieter ihre Profite erzielen. Die Unternehmensdaten zeigen, dass die Ratingagenturen geradezu über eine private Lizenz zum Geldscheffeln verfügen. Moody's und Standard & Poor's erreichten 2011 eine Umsatzrendite von über 40 Prozent. Die drei führenden Ratingagenturen bitten jedoch nicht die Investoren zur Kasse, sondern die Emittenten von Schuldverschreibungen, die an einer möglichst guten Bewertung interessiert sind. Dabei werden zwei Preismodelle angewendet: Großunternehmen und Banken, die ständig Darlehen aufnehmen, zahlen ein Art Flatrate. Für die Benotung einzelner Anleihen berechnen die Agenturen nach Schätzungen drei bis vier Basispunke des jeweiligen Emissionsvolumens. Der Preis für das Einzelrating ist dabei nicht besonders hoch, vielmehr bringt es die Masse: Moody's und S & P haben nach eigenen Angaben 2009 mehr als eine Million Krediturteile gefällt. Da jede der drei Großen ungefähr tausend Analysten beschäftigt, fallen die Kosten gegenüber den Umsätzen niedrig aus. Die Abhängigkeit der profitwirtschaftlich betriebenen Benotungsunternehmen von den Kunden dominiert.

Eine Forschergruppe mit den Ökonomen Jie He, Philip Strahan und Jun Qian hat den Nukleus der Finanzmarktkrise, die verbrieften Hypothekenkredite in den USA, unter die Lupe genommen und festgestellt: Allein Moody's konnte mit ihnen 44 Prozent seiner Umsätze erwirtschaften. Auf der Basis einer empirischen Untersuchung förderten die Forscher einen überraschenden Zusammenhang zu Tage: Je größer der Marktanteil eines Finanzinvestors bei der Produktion von strukturierten Wertpapieren war, desto häufiger wurde die Bestnote A A A vergeben. Diese

Papiere auf der Basis von riskanten Hypothekenkrediten verloren im Vergleich zu den kleineren Konkurrenten im Beratungsgeschäft rund 10 Prozent mehr an Wert.[22] Die Verhandlungsmacht der Großanbieter beherrschte offensichtlich die Notenfindung der großen Ratingagenturen.

Dass Interessen der bezahlenden Wertpapier-Emittenten Druck bei Ratingagenturen in Richtung Falschinformationen auslösen, liegt auf der Hand. Hier müssten insbesondere glühende Verfechter von Marktkonkurrenz für harte Regulierungen eintreten. Wer aber heute noch Ratingagenturen blind vertraut, dem ist nicht mehr zu helfen.

Die monopolistische Konzentration des Ratingmarktes auf drei Große, der Konflikt zwischen gewinnwirtschaftlichen Interessen und der quasi-staatlichen Informationsfunktion sowie die mangelnde Unterscheidung zwischen objektiven Daten und der Mathematik einerseits gegenüber den subjektiven Einschätzungen andererseits begründen eine Entmachtung dieser Informationsmonopolisten. Folgende Maßnahmen dienen der Forderung: Macht die Ratingagenturen überflüssig:

- *Mehr Transparenz:* Ratingagenturen müssen ihre Geheimnistuerei überwinden und ihre Geschäftsmodelle offenlegen. Dazu gehört auch die Verpflichtung, die Bewertungskriterien und Begründung der Notenfindung offenzulegen.
- *Weniger Macht:* Die derzeit geltende regulatorische Lizenz muss gestrichen worden. Heute schreiben Gesetz und Verordnungen die Berücksichtigung von Ratingurteilen vor. So erfolgt die Gewichtung der Kredite zur

---

[22] Malte Buhse und Olaf Storbeck, »Bessere Noten für wichtige Kunden«, *Handelsblatt,* 11. August 2011.

Bewertung des Risikos im Rahmen der den Banken abverlangten Eigenkapitalausstattung nach den Noten der Ratingagentur. Auch bei den Versicherungsunternehmen spielen Ratingurteile eine wichtige Rolle. Diese Macht durch die regulatorische Lizenz sollte durch den Verzicht auf die Urteile gebrochen werden. Die Europäische Zentralbank hat sich seit Mai 2010 zur Stabilisierung der Finanzmärkte diesem Diktat entzogen und Staatsanleihen von Krisenländern wie Griechenland und Portugal trotz des durch die Ratingagenturen verliehenen Ramschstatus aufgekauft. Damit konnte die Zentralbank die für die Geldpolitik zentralen Finanzmärkte beruhigen. Überraschend: Dieser Verzicht auf die Urteile der Des-Informationsagenturen wurde akzeptiert, die erwartete Panik blieb aus.

– *Ausreichende Haftung:* Die Haftung für folgenreiche Falschinformationen muss durch die Ratingagenturen übernommen werden. Ein Schadensersatz ist zu gewährleisten.

– *Klare Eigentümerstruktur:* Die Eigentümerstruktur muss strikt getrennt werden. Es darf nicht sein, dass ein Gesellschafter Anteile an zwei Agenturen hat wie etwa die Capital Group an Moody's und Standard & Poor's.

– *Regelmäßige Rotation:* Durch eine regulierte Rotation sollte eine Agentur ein Wertpapier beziehungsweise einen Emittenten nur noch maximal drei Jahre benoten. Wenn die Agentur zehn Schuldtitel eines Emittenten in Folge bewertet, soll die Frist auf ein Jahr reduziert werden.

– *Mehr Wettbewerb:* Auf den Ratingmärkten muss mehr Wettbewerb hergestellt werden. Hier bieten sich auch Chancen durch Ratingagenturen aus China, die nicht auf den Machterhalt des amerikanischen Finanzsystems ausgerichtet sind. Allerdings müssen deren eigenen Interessen im Kampf um Marktanteile in der Weltwirtschaft berücksichtigt werden. Ob die Einrichtung einer Ratingagentur durch die Europäische Union in der Nähe der Zentralbank etabliert werden soll, ist umstritten. Das Problem ihrer mangelnden Akzeptanz wegen der politisch-institutionellen Abhängigkeit ist nicht von der Hand zu weisen.

Die hier unterbreiteten Vorschläge zielen auf eine Bagatellisierung dieser profitwirtschaftlichen Informationsproduzenten mit Öffentlichkeitswirkung hinaus.

4
Finanztransaktionssteuer jetzt

Sand in die ergiebige
Spekulationsmaschine streuen

Zwei Instrumentengruppen lassen sich bei der Aufgabe, die Finanzmärkte auf ihre volkswirtschaftlich nützlichen Funktionen zu reduzieren, unterscheiden. Zum einen geht es um dringend erforderliche Regulierungen, zum anderen sollen die Umsätze auf den Finanzmärkten durch deren Besteuerung verteuert und dadurch reduziert werden. Vorgeschlagen werden unterschiedliche Ausprägungen einer Finanztransaktionssteuer (FTT).

James Tobin, Nobelpreisträger für Ökonomie 1981, gilt als einer der Väter. Er hatte nach dem Zusammenbruch des weltweiten Systems zur Stabilisierung der wichtigsten Wechselkurse, das nach dem Tagungsort Bretton Woods benannt worden war, 1972 eine Besteuerung der Devisenumsätze vorgeschlagen. Die Lenkungsfunktion galt dem Ziel, Sand ins Getriebe der Spekulationsmaschine zu schütten. Er selbst bezeichnete die Idee als simpel: »Bei jedem Umtausch von einer Währung in die andere würde eine kleine Steuer fällig, sagen wir von einem halben Prozent des Umsatzes. So schreckt man Spekulanten ab.«[23] Angeregt hatte ihn die Idee, die John Maynard Keynes im

---

[23] Interview mit James Tobin, »Die missbrauchen meinen Namen«, in: *Spiegel online*, 2. September 2001.

12. Kapitel seines Klassikers *Allgemeine Theorie der Beschäftigung, des Zinses und Geldes* festgehalten hatte.[24] Um die Investoren dauerhaft an ihre Aktien und damit die Finanzierung der ökonomischen Wertschöpfung zu binden, schlug er eine solche Transaktionssteuer vor. Bei James Tobin sollten die zur Risikoabsicherung abgetrennten reinen Spekulationsumsätze mit Kosten belegt werden. Seine Vision galt einer Entschleunigung der durch die Profiterwartungen angetriebenen Geschäftshektik.

Die im Juni 1998 in Frankreich gegründete globalisierungskritische NGO Attac führt die Idee einer Finanztransaktionssteuer in ihrem Namen: Association pour la Taxation des Transactions financières et pour l'Action Citoyenne (Vereinigung zur Besteuerung von Finanztransaktionen im Interesse der Bürger). Den Anstoß zur Gründung von Attac löste ein Leitartikel mit dem Vorschlag von Ignacio Ramonet im Dezember 1997 in der Zeitung *Le Monde diplomatique* aus, eine »Association pour une taxe Tobin pour l'aide aux citoyens«, eine Vereinigung für eine Tobin-Steuer zum Nutzen der Bürger, zu gründen. James Tobin distanzierte sich aber in einem Interview bei *Spiegel online* im September 2011 deutlich: »Die missbrauchen meinen Namen.« Er war wohl von der Sorge getrieben, als Globalisierungskritiker gegen die Forderung nach freiem Welthandel sowie gegen die Weltbank und den Internationalen Währungsfonds ausgenutzt zu werden. Seine Distanzierung hob jedoch die begründete Forderung nach einer gut begründbaren, verallgemeinerten Tobin-Steuer nicht auf.

---

[24] John Maynard Keynes, *Allgemeine Theorie der Beschäftigung, des Zinses und des Geldes*, Berlin, 10. verbesserte Auflage 2006, 12. Kapitel »Der Stand der langfristigen Erwartung«, S. 125 ff.

Die Besteuerung von Umsätzen auf den Finanzmärkten hat eine lange Tradition: 1991 wurde in Deutschland die 1948 eingeführte und gut funktionierende Steuer auf Börsenumsätze geopfert. Die britische »Stamp Duty« (Stempelsteuer) mit 0,5 Prozent auf den Nennwert von Aktien ist heute noch ein prominenter Beleg für die Machbarkeit einer nationalen Besteuerung von Spekulationsgeschäften: 2008 bis 2009 betrugen die Einnahmen über 4 Milliarden britische Pfund, 0,2 Prozent des Bruttoinlandsprodukts.

Auf dem internationalen Parkett wird immer wieder die Forderung nach einer weltweiten Finanztransaktionssteuer erhoben. Derzeit blockieren jedoch vor allem die USA und Großbritannien auf den G-20-Gipfeln diese Steuer. Die Bewertung einer Finanztransaktionssteuer ist in der deutschen Politik heftig umstritten, ihre Ablehnung von Seiten der Finanzindustrie deutlich. Die Mehrheit der Wirtschaftswissenschaftler prognostiziert sogar ohne plausible Beweisführung Verluste beim wirtschaftlichen Wachstum. Immer wieder wird behauptet, die Banken würden die erhöhten Kosten durch die Finanztransaktionssteuer an die Sparer über niedrige Zinsen weiterwälzen. Es lässt sich zeigen, dass dieser Effekt zu vernachlässigen ist.

Im Bundestag wurde lange Jahre heftig um die Finanztransaktionssteuer gestritten.[25] Auch unter dem Druck einer engagierten Öffentlichkeit hat sich die Bundesregierung inzwischen jedoch von ihrer ablehnenden Haltung gelöst: In einem Schreiben vom 9. September 2011 teilte der Bundesfinanzminister der Europäischen Kommission mit,

[25] Rudolf Hickel, Stellungnahme zur öffentlichen Anhörung zur »Finanztransaktionssteuer« durch den Finanzausschuss des Deutschen Bundestags, 17. Mai 2010 in Berlin, http://www.Iaw.uni-bremen.de/hickel.

dass Frankreich und Deutschland nachhaltig die Schaffung einer globalen Finanztransaktionssteuer unterstützten. Anfang Januar 2012 kündigte der französische Präsident Nicolas Sarkozy einen Alleingang bei der Einführung der Finanztransaktionssteuer an: »Frankreich wird nicht warten, dass die anderen einverstanden sind.« Diese Initiative stieß auf große Kritik: Andere EU-Länder forderten ein gemeinsames Vorgehen aller 27 Mitgliedsländer. Dabei ist bekannt, dass manche europäischen Partner wie Großbritannien und Schweden auf absehbare Zeit wohl nicht mitspielen wollen. Sicher hat dieser Vorstoß durch Sarkozy mit den bevorstehenden Präsidentschaftswahlen in Frankreich zu tun, deshalb sollte die Initiative ernst genommen werden. Wenn sich Deutschland nach den früheren Zusagen der Bundeskanzlerin dieser Initiative für die »Finanztransaktionssteuer jetzt« anschlösse, würde der Druck auf viele andere Länder mitzumachen groß.

Zur Einführung einer gemeinsamen Finanztransaktionssteuer hat die EU-Kommission produktive Vorarbeit geleistet: Ende September 2011 wurde unter dem Titel »Finanztransaktionssteuer: Der Finanzsektor wird zur Kasse gebeten« ein Vorschlag unterbreitet. Die Steuer wird nur auf Finanztransaktionen zwischen den Finanzinstituten erhoben, Bürger und Unternehmen werden beispielsweise bei der Vergabe eines Kredits von der Besteuerung ausgeschlossen. Für Anteile und Anleihen wird der Steuersatz mit 0,1 Prozent und bei anderen Transaktionen wie Derivatkontrakte mit 0,001 Prozent angegeben. Der Sorge um die Überwälzung der Kosten durch die Banken auf die Privatkunden soll mit entsprechenden Maßnahmen begegnet werden. Erwartet wird ein jährliches Volumen von 57 Milliarden Euro. Ein Teil der Einnahmen soll der EU als

Eigenmittel zufließen, der Rest zwischen den Mitgliedsländern aufgeteilt werden.[26]

Ökonomische Begründung

Entscheidende Stoßrichtung der Finanztransaktionssteuer ist: Bei den Derivategeschäften geht es nicht um eine vernünftige Kursabsicherung der Wirtschaft gegen künftige Risiken, sondern um reine Spekulationsgeschäfte. Diese erzeugen mittlerweile derartige Kursschwankungen, dass sich Unternehmen von den Aktienmärkten zurückziehen. Deshalb müssen diese Finanzgeschäfte durch eine solche Finanztransaktionssteuer verteuert werden.

Im Unterschied zur Besteuerung spezieller Finanzvermögen wie Aktien oder Devisen bezieht die Finanztransaktionssteuer alle auf den Finanzmärkten gehandelten Vermögenswerte ein. Würde nur eine Art des Finanzvermögens besteuert, bestünde die Gefahr, dass Anleger auf nicht besteuerte Alternativen umsteigen würden. Bei der Steuer auf Devisenumsätze etwa würden die Spekulationsgeschäfte auf steuerfreie Objekt verlagert. In die Bemessungsgrundlage der Finanztransaktionssteuer werden im Prinzip die börsenbezogenen sowie die über ein Erfassungs- und Kontrollsystem außerbörslichen Käufe von Währungen und Wertpapieren einbezogen. Zu den Wertpapieren zählen beispielsweise Aktien, Anleihen, Schatzbriefe, Zertifikate und Derivate.

---

[26] Mitteilung der Kommmission an das Europäische Parlament, 7. Oktober 2010, SEK (2010)1166.
Presserklärung, 28. September 2011, IP/11/1085. Fragen und Antworten zur Finanztransaktionssteuer, 29. Juni 2011, MEMO 11/468.

Die seit Ende der 1990er Jahre zu beobachtenden Trends zum finanzmarktgetriebenen Kapitalismus rechtfertigen die Einführung einer allgemeinen Finanztransaktionssteuer. Wegen der Folgebelastungen für die Märkte sowie die gesamte Wirtschaft und die öffentlichen Haushalte müssen die Spekulationsgeschäfte auf ihren rationalen Kern reduziert werden. Es geht darum, optimale Rahmenbedingungen des Wirtschaftens unter Ausschluss erratischer Preissprünge durch Spekulationen auf den Finanzmärkten herzustellen.

Anhänger der neoklassischen Theorie von den sich über die Preisbildung selbst optimal stabilisierenden Märkten behaupten, die Finanztransaktionssteuer würde die Preisfindungseffizienz belasten. Dabei werden offensichtlich Ursachen und Wirkung verwechselt: Es sind schließlich die aggressiven kurzfristigen Spekulationsgeschäfte, welche die Effizienz der Finanzmärkte zerstören. Wie kann eine Finanztransaktionssteuer die effiziente Preisfindung außer Kraft setzen, wenn diese auf den Finanzmärkten nicht gegeben ist? Es geht doch darum, mit der Finanztransaktionssteuer zu nachhaltig stabilen, gesamtwirtschaftlich dienenden Finanzmärkten beizutragen.

Doppelfunktion der Finanztransaktionssteuer

Die Finanztransaktionssteuer ist ein wichtiges Instrument zur Verringerung des Spekulationswahns. Allerdings muss sie durch Regulierungsmaßnahmen wie ein Verbot beziehungsweise eine Beschränkung von Spekulationsinstrumenten ergänzt werden, denn es besteht ein Konflikt zwischen der Lenkungs- und Finanzierungsfunktion: Je geringer die lenkende Reduktion der Spekulationsgeschäfte wirkt, desto höher ist die fiskalische Ergiebigkeit dieser Einnahmequelle.

Die Lenkungsfunktion der Finanztransaktionssteuer setzt auf eine Verteuerung der Spekulationsgeschäfte. Erwartet wird, dass durch den staatlich verordneten Preis das Volumen der Spekulationsgeschäfte zurückgeht. Je höher dieser Preis ist, umso deutlicher fällt auch ein Rückgang der Besteuerungsbasis aus. Mit dieser allgemeinen Steuer verbindet sich die Erwartung, dass vor allem die verselbständigten, auf kurzfristige Profitabilität ausgerichteten Spekulationsgeschäfte eingeschränkt werden. Ob es allerdings zu dieser Anpassung kommt, hängt von verschiedenen Faktoren ab.

Bei der Finanzierungsfunktion steht das Ziel der öffentlichen Einnahmeerzielung im Vordergrund. Die Ergiebigkeit wird vor allem durch das Ausmaß der Einschränkung von Spekulationsgeschäften infolge dieser Steuer beeinflusst (Nachfrage-Steuerelastizität). Alle vorliegenden Vorschläge zu einer Finanztransaktionssteuer gehen aus Vorsicht vor einer zu starken Belastung der Spekulationsgeschäfte von einem recht niedrigen Steuersatz aus. Der Preis dafür ist allerdings, dass die Verluste aus der sinkenden Bemessungsgrundlage gegenüber den Einnahmen durch einen niedrigen Steuersatz, der allerdings auf eine breite Basis bezogen wird, deutlich geringer ausfallen. Vergleichbar der Ökosteuer rangiert der erwartete Finanzierungseffekt vor dem Lenkungseffekt. Aber ohne lenkende Wirkung taugt die Finanztransaktionssteuer nicht viel.

Beim heißspornigen Einsatz für die Finanztransaktionssteuer wird oft deren begrenzte Wirksamkeit bei der Neuordnung der Finanzmärkte übersehen. Besteuert werden alle Umsätze auf den Finanzmärkten, wozu auch die systemgefährdenden, am Ende toxischen Produkte gehören. Aus Sicht der Einnahmenmaximierung wäre es rational, die krisenverursachenden Geschäfte ebenfalls zu nutzen. Dagegen muss die Steuer durch eine Steuerung der Finanzmärkte fundiert werden. Die Finanztransaktionssteuer darf nicht gegen die gleichzeitig notwenigen Finanzmarktregulierungen ausgespielt werden. Besteuerung und Lenkung müssen im Doppelpack realisiert werden.

Die Finanztransaktionssteuer beeinflusst über den politischen Preis das Volumen der Finanzmarktgeschäfte und setzt auf eine Reduktion der Handelsumsätze. Das Ziel der Finanzmarktregulierung ist es, die bedrohlichsten Instrumente zur Spekulation zu verbieten oder zumindest einzuschränken. Über diese Mengenregulierung durch Einschränkungen und Verbote von Spekulationsgeschäften schrumpft die Bemessungsgrundlage für die Finanztransaktionssteuer. Das ist gut so, denn dem Verlust an unseriösen Einnahmen aus Spekulationsgeschäften stehen die vermiedenen Megakosten einer sonst zu erwartenden Finanzmarktkrise gegenüber. Nicht die Einnahmen aus der Finanztransaktionssteuer, sondern der doppelte Lenkungszweck ist entscheidend: überschießende Spekulationsgeschäfte monetär abschöpfen und zugleich die Finanzmärkte und deren Produkte regulieren.

5
Spekulationsbanken zerschlagen

Vom gierigen zum dienenden Bankensystem

Die Finanzmarktkrise hat die Notwendigkeit eines grundlegenden Umbaus des Bankensystems deutlich gemacht. Auch ist die Wut über das heutige Bankensystem groß, das belegen nicht nur Umfrageergebnisse zu Banken und Bankern. Im Mittelpunkt der Kritik des Bankensystems stehen vor allem die mächtigen Spekulationsbanken – gemessen an den hier betriebenen Geschäften klingt der gängige Begriff Investmentbanken noch viel zu seriös. Denn es geht nicht um den Einsatz von Instrumenten zur nachhaltigen Finanzierung und der Absicherung der Wirtschaft gegen Risiken. Im Mittelpunkt steht vielmehr die von der realen Produktion abgetrennte Kreation sowie der Verkauf und Kauf von Zockerpapieren. Ohne Kundenauftrag werden Gewinne aus Wetten ohne Bezug auf die reale Produktionswirtschaft im Eigenhandel dieser Banken bewegt. Zu den offiziellen Spekulationsabteilungen und den ausschließlichen Investmentbanken kommen die Schattenbanken hinzu, insbesondere Hedgefonds, die außerhalb von Regulierung und Kontrolle ebenfalls auf hohe Spekulationsgewinne setzen. Investmentbanken, Schattenbanken und der unkontrollierte Handel außerhalb der offiziellen Börsen heizen die Spekulationsgeschäfte so stark an, bis sie sich als das erweisen, was sie sind: wertlos. Dabei wirkt die Bankenkrise wie ein Gravitationszentrum für eine allgemeine Krise der Wirtschaft. Denn der Absturz der Finanzmärkte beschränkt sich nicht nur auf die Täterbanken. Einem Flächenbrand vergleichbar wurden die anderen seriösen Banken, die eigentlich mit dem Investmentbanking nichts zu tun haben, in Mitleidenschaft gezogen. Zwischen den Banken herrscht großes Misstrauen, die kurzfristige Leihe von Geld zwischen den Banken, der Interbankenmarkt, ist zusammengebrochen. Mehrfach zwang dieser Verlust des Vertrauens unter den Banken die Europäische Zentralbank, unkonventionell Liquidität zuzuführen: Im Dezember 2011 wurde die größte Geldspritze mit 500 Milliarden Euro aufgezogen, um der zusammenbrechenden Kreditvergabe durch die Banken an die Wirtschaft entgegenzuwirken. Der Abschreibungsbedarf in den Finanzinstituten auf toxische Derivate und die Vertrauenskrise untereinander transportieren die Spekulationskrise in die reale Produktionswirtschaft: Unternehmen, die auf Fremdfinanzierung angewiesen sind, müssen höhere Zinsen zahlen oder erhalten zum Teil überhaupt keine Kredite mehr. Diese »Kreditklemme« bedroht zusammen mit dem Vertrauensverlust ins Bankensystem die unternehmerische Investitionsbereitschaft und damit das wirtschaftliche Wachstum und Arbeitsplätze.

Um es nicht zum gesamtwirtschaftlichen Absturz kommen zu lassen, entsteht eine ärgerliche Erpressersituation: Die betroffenen Staaten sehen sich gezwungen, die Banken, die diese Krise ausgelöst haben, zu retten. Sie gelten als zu groß (»too big to fail«) und zu vernetzt (»too connected«), als dass man sie im freien Spiel der Marktkräfte ihrer Insolvenz überlassen könnte. Damit kommt das Kriterium Systemrelevanz der Großbanken mit ihren Spekulationsgeschäften ins Spiel. Dieser Begriff ist schwammig und verleitet zur opportunistischen Rechtfertigung teurer Rettungsmaßnahmen. Systemrelevanz liegt dann vor, wenn die Pleite einer Bank einem Dominoeffekt vergleichbar andere Finanzinstitute über deren Forderungen gegenüber dem bedrohten Institut mitreißen und die Kreditversorgung belasten würde.

Dabei kann die politische Rettung auch noch zu Fehlanreizen führen. Mit dem Zusammenbruch der Zockergeschäfte fallen die Täter in das staatliche Rettungssystem. Die Neue Politische Ökonomie spricht hier von »moral hazard«, einem unmoralischen Spiel mit dem Risiko nach dem Motto, wenn es schiefgehe, werde der Staat schon beispringen. Die Akteure scheinen nicht bereit zu sein, auf den Finanzmärkten aus Krisen zu lernen und die der Wirtschaft und Gesellschaft dienenden Aufgaben der Banken zu stärken. Finanzmarktkrisen lösen sich in immer kürzeren Abständen ab, und die jeweils eingesetzten Rettungsmilliarden belasten die öffentlichen Haushalte. Steuererhöhungen und/oder Kürzungen wichtiger Staatsausgaben sind die Folge.

Die jüngste erste Finanzmarktkrise, die ab 2007 sichtbar wurde, ist kaum vorbei, da braut sich erneut ein Absturz der Weltfinanzmärkte zusammen mit den Banken zusammen. Ob nochmals im Ausmaß der letzten Rettungspakete der Staat beispringen wird, ist mangels staatlicher Finanzkraft und geringer öffentlicher Akzeptanz höchst zweifelhaft. Die harte Krise des Bankensystems reicht offensichtlich nicht aus, die notwendige Lernfähigkeit zur fundamentalen Reform der Finanzinstitute einzupauken.

Hier liegt ein klares Marktversagen vor: Die einzelwirtschaftlich ungezügelte Sucht nach schnellen Renditen nimmt auf die externalisierten und dann kollektiv wirksamen Belastungen der Wirtschaft und Politik keine Rücksicht. Allein schon deshalb wird eine ordnende Politik unverzichtbar. Bittere Erfahrungen mit der jüngsten Krise sowie steigende öffentliche Kosten zur Bankenrettung müssten vernünftigerweise Druck in Richtung grundlegender Reformen auslösen, doch davon ist kaum etwas zu spüren. Die Schwüre der nationalen und internationalen Politik auf eine durchgängige Kontrolle und Regulierung der Finanzmärkte zeigen kaum Wirkung. Auf Marktversagen folgt Politikversagen. Die Ursachen sind bei der mächtigen Finanzmarktlobby für Spekulationsgeschäfte sowie bei marktbesessenen Heißspornen einer neoliberalen Politikdogmatik zu suchen. Dieses Wechselspiel zwischen Markt- und Politikversagen bedroht die Grundlagen des Bankensystems wie überhaupt des Wirtschaftens.

Dieser Teufelskreis von Markt- und Politikversagen kann nur durch eine an die Wurzel gehende Zerschlagung des Bankensystems durchkreuzt werden. Dabei gilt das Ziel, die für die Wirtschaft und Gesellschaft dienenden Aufgaben der Banken gegenüber den bedrohlichen Spekulationsgeschäften durchzusetzen. Es geht vor allem um die Anerkennung und Aufwertung der Arbeit vieler seriöser Banker in den Sparkassen und genossenschaftlichen Volksbanken. Deshalb konzentriert sich die Zerschlagung auf die Großbanken mit ihren Investmentsegmenten, denn sie stehen an oberster Stelle in der Hierarchie des Bankensystems und bilden das Zentrum der Krisenerzeugung. Generell sollten die originären Bankengeschäfte gegenüber allen Geschäften im Bereich des Investmentbankings abgeschottet werden. Nie wieder dürfen durch die Kosten geplatzter Spekulationsgeschäfte Geschäftskunden in Mitleidenschaft gezogen werden.

Nochmals: Einen wesentlichen Beitrag zur Entmachtung leisten klare und kontrollierte Regulierungen auf den Finanzmärkten: Die Deregulierungen, die die Finanzmärkte explodieren ließen, müssen zurückgenommen werden. Die Geschäftsbanken müssen vom Gefahrenpotential der Spekulationsbanken abgekoppelt und alle Derivategeschäfte über eine registrierte und kontrollierte Handelsplattform abgewickelt werden. Diese beiden Forderungen tragen dazu bei, die entfesselte Macht der Banken zugunsten der volkswirtschaftlichen Funktionen der Finanzintermediäre zu beschneiden.

Zerschlagung heißt, den Weg in ein zukunftsfähiges Bankensystem zu schaffen. Es geht um die »schöpferische Zerstörung«, also um die Schaffung neuer aus alten Strukturen.[27]

Mit der Zerschlagung der Banken müssen die beiden erfolgreichen Säulen des deutschen Bankensystems gestärkt werden. Es geht um die genossenschaftlichen Volks- und Raiffeisenbanken sowie die überwiegend öffentlich-rechtlich verantworteten Sparkassen, die gegenüber den privaten Großbanken auf Zockergeschäfte im großen Stil verzichtet haben. Allerdings haben einige Landesbanken, die meistens im Eigentum der Sparkassen sowie eines Bundeslandes sind, ihre Geschäftspolitik mit wachsenden Zockeraktivitäten den Großbanken angepasst. Diese Landesbanken haben nur noch als Regionalbanken mit übergreifenden Sparkassenfunktionen in der Region eine Zukunft.

---

[27] Joseph Alois Schumpeter, *Kapitalismus, Sozialismus und Demokratie*, New York, 1942, (nach der deutsche Ausgabe) München, 5. Auflage 1980, S. 137 f.

Große Finanzinstitute verdienen mit ihren Spekulationsabteilungen den Titel Bank nicht mehr. Dem Titel des Kreditwesengesetzes entsprechend müssen die Anforderungen an ein Kreditinstitut erfüllt werden. Leitlinien der Neuordnung des Bankensystems sollten auf die Stärkung der dienenden Aufgaben in der Region für die Wirtschaft und Bevölkerung ausgerichtet werden.

Die zerstörerischen Kräfte des internationalen Bankenkomplexes

Die Täter sind bekannt! Die Wahrheit über die Ursachen, Triebkräfte, die Interessen und den Einsatz schmutziger Geschäfte im Zentrum der Finanzmarktkrise ist bekannt. Die Hauptschuldigen und Täter sind benannt. Aufgeschrieben hat das eine Kommission des US-Senats in einem 650 Seiten umfassenden Bericht mit 2849 Fußnoten beruhend auf der Anhörung von über 150 Zeugen. Akribisch analysiert wird der (bisher) größte Skandal der Finanzmarktgeschichte.[28] Unter dem Titel *Wallstreet und die Finanzkrise: Anatomie eines Finanzkollapses* werden Fallbeispiele düsterer Machenschaften offengelegt.

Der Vorsitzende dieser Unterkommission des US-Senats Carl Levin zog nach seiner aufreibenden Arbeit, den Wilden Westen der Finanzmärkte zu durchdringen, ein bitteres Fazit:»Bei unseren Untersuchungen sind wir auf eine Schlangengrube voller Gier, Interessenkonflikte und

---

[28] United States Senate, Permanent Subcommittee of Investigations, *Wallstreet and the Financial Crises. Anatomy of a Financial Collapse. Majority and Minority Staff Report*, 13. April 2011.

Missetaten gestoßen.« In die Galerie der unmittelbar benannten Hauptschuldigen hat dieser Bericht aufgenommen: die Banken Goldman Sachs und Washington Mutual, die Ratingenturen Moody's und Standard & Poor's sowie die US-Bankenaufsicht OTS. Zu den direkten Tätern, die mangels Regulierung auf den Raffgier-Finanzmärkten ihre Geschäfte legal, oftmals aber auch an der Grenze von Recht und Gesetz betrieben hatten, gehörten auch die Politiker, die für das Regulierungsversagen die Verantwortung haben. In die »Hall of Shame« fanden Eingang: Bill Clinton, der 1994 die Entfesselung der US-Finanzmärkte in Gang setzte, George W. Bush, der von Goldman Sachs ins Finanzministerium gewechselte Henry Paulsen, Lloyd Blankfein, späterer Chef von Goldman Sachs, der kaum bekannte Hedgefonds-Manager Ralf Cioffi, der Vorstandschef von Lehman Brothers Richard Fuld, der Megaspekulant Warren Buffet und viele andere.

Auch der völlig überschätzte, wie ein Guru gefeierte Notenbankchef Allan Greenspan zählt zu den Tätern. Alan Greenspan war es, der nach dem Absturz der New Economy und den Terroranschlägen auf die USA am 11. September 2001 mit den Instrumenten der amerikanischen Notenbank Liquidität flutete. Das war gesamtwirtschaftlich notwendig, denn der Absturz der Wirtschaft durch ein riesiges Liquiditätsloch wurde dadurch ausgebremst. Doch diese Liquidität wurde geradezu exzesshaft auf den entfesselten Finanzmärkten verspielt. Greenspan predigte das erschreckend naive Dogma von den effizienten, sich selbst optimal steuernden Finanzmärkten. Die richtige Kombination wäre gewesen: makroökonomische Flutung von Liquidität bei gleichzeitiger Regulierung der Finanzmärkte. So aber wurden gesamtwirtschaftlich gut gemeinte Megasummen auf den Zockermärkten verbrannt.

Die Deutsche Bank wurde an der Wall Street ihrem Anspruch als »global player« durch und durch gerecht. Viel zu wenig bekannt ist, dass ihr im Abschlussbericht des US-Senats ein eigenes Kapitel gewidmet wurde. Darin wurde glasklar festgestellt: »Die Bank verkaufte minderwertige Anlagen.« Der Blick hinter die moderne Glas-und Stahlarchitektur dieser Großbank mit Sitz in Frankfurt am Main steht als Beispiel für das allgemeine Versagen, vor allem der Investmentbanken.

Der ausgewertete E-Mail-Verkehr innerhalb dieser Großbank zeigt, wie mit bestem Wissen uninformierte Kunden mit dem Verkauf erkennbar maroder Finanzmittel über den Tisch gezogen wurden. Der Deutsche-Bank-Chefhändler Greg Lippman hatte bei diesen synthetischen Finanzmarktprodukten auf der Basis von Hypothekenkrediten durchaus auf deren Risiken hingewiesen und sogar Warnungen ausgesprochen. Schon zwei Jahre vor dem Ausbruch der Finanzmarktkrise hatte er intern die Hälfte dieser Produkte für unseriös erklärt. Allerdings belegte die Korrespondenz auch seine Zufriedenheit, wenn ihm der Verkauf von Ramschprodukten in Milliardenhöhe gelungen war. Die beiden Abwertungen »Mist« und »Säue« gehörten zu seinem Vokabular. Schließlich wurden Zweifel über die Seriosität der Geschäfte mit dem Ziel, kurzfristig hohe Renditen zu erzielen, erschlagen. Oftmals soll der aggressiv zynische Chefhändler vom »Ponzi-Schema« gesprochen haben. Charles Ponzi (1882–1949) ging in die Kriminalgeschichte ein, das Schneeballsystem entdeckt zu haben. Er hatte die versprochenen Gewinne für Kunden aus immer neuen Kundenanlagen herausgesaugt. Besserwisserei, Häme und Zynismus waren bei solchen Aktivitäten der Deutschen Bank kaum zu übersehen.

In der Beweisführung des US-Senatsunterausschusses für unseriöse Geschäfte der Deutschen Bank an der Wall Street hätte das Kunstprodukt Gemstone 7 als Paradebeispiel für Raffgier Pate stehen können: Von den als strukturierte Wertpapiere angebotenen CDOs stand die Deutsche Bank zwischen 2004 bis 2008 für den Gesamtbetrag über 32 Milliarden US-Dollar gerade. In Gemstone 7 wurden 115 RMBS-Anleihen gebündelt.[29] Bei »Residential Mortgage-backed Securities« (RMBS) handelt es sich um ein Segment des Verbriefungsmarktes: Verschiedene, über Hypothekarkredite auf private Wohnimmobilien besicherte Anleihen wurden in eigenständige Wertpapiere gebündelt – übrigens gegen den ausnahmsweise richtigen Rat der Ratingagenturen. Trotz schlechter Ratingnoten für 90 Prozent dieser RMBS-Anleihen wurden diese Papiere zum Verkauf angeboten, doch waren Verluste absehbar.

An der Rechtfertigung gegen die hausinterne Kritik an den hochriskanten Zockerpapieren ist der wahre Grund der Fehlentwicklung zu erkennen: Eine Bank müsse schließlich Geld verdienen. Zugespitzt galt der altrömische Spruch: »pecunia non olet«, Geld stinkt nicht. So ging jegliche kritische Distanz zum geldbringenden Produkt und zum damit verbundenen Risiko verloren. In der Übersetzung in die Konzernsprache durch den Vorstandsvorsitzenden Josef Ackermann hieß das: Der auf das eingesetzte Kapital bezogene Gewinn nach Steuern müsse mindestens

---

[29] Die Beschreibung dieser ansonsten sehr schwer zugänglichen Geschäfte: Marc Pitzke, »US-Bericht zur Finanzkrise. Ohrfeige für die Deutsche Raffgierbank«, in: *Spiegel online*, 15. April 2011.

25 Prozent bringen. Diese Gewinnmarge zwang die Bank in eine brandgefährliche Expansion der Geschäfte: Wegen der Grenzen des Wachstums im traditionellen Einlagen-, Kreditsicherungs- und Beratungsgeschäft und den dort notorisch niedrigen Margen blieb nur die Flucht in die Produktion und den Handel mit hochriskanten Finanzmarktprodukten. Zur Beschleunigung wurde der Eigenhandel ausgeweitet. Die Transformation in eine Spekulationsbank war die Folge dieser Zielvorgabe.

Die Verschiebung des Geschäftsmodells zeigt sich deutlich in der veränderten Bilanzstruktur: Die Bilanzsumme der Deutschen Bank lag noch am Ende der Amtszeit von Hilmar Kopper bei 533 Milliarden Euro und stieg bis Mitte 2011 um 350 Prozent auf 1906 Milliarden Euro. Der Anteil der Kundeneinlagen an der Bilanzsumme sank von 42 auf 28 Prozent, und die Relevanz der Kreditgeschäfte schrumpfte von 50 auf 21 Prozent Prozent.[30]

Die Sensibilität für verantwortungsvolle seriöse Geschäfte musste im Expansionsrausch untergehen. Die durch die US-Senatskommission in ihrem Bericht gegeißelten, vielfach verpackten Zockerpapiere, die wider besseres Wissen vergoldet werden sollten, gehörten dazu. Auch die Geschäfte mit Spekulationspapieren auf Rohstoffe und Lebensmittel galten dem Ziel, die 25-Prozent-Marge zu reißen. Beim Angebot der Wetten für die Kunden war die Deutsche Bank ohne Rücksicht auf bittere Folgen dabei. Dazu diente der bereits 2004 eingerichtete Rohstofffonds PowerShares DB, der um weitere Exchange-

---

[30] Siehe den Beitrag von Joachim Zimmermann, »Resiliente Geschäftsmodelle für die Kreditwirtschaft – ein Weg jenseits von Basel III und mehr Regulierung«, in: *ifo Schnelldienst* 22/2011.

Traded-Funds (EFT) mit Zugang für Bankenkunden ergänzt wurde. Der 2011 vorgelegte Report von Foodwatch, der auf einer Analyse von Harald Schumann beruhte, trägt den treffenden Titel *Die Hungermacher. Wie die Deutsche Bank, Goldman Sachs & Co. auf Kosten der Ärmsten mit Lebensmitteln spekulieren.*[31] Diese »Wetten auf den Hunger« schaffen ein, wie der Weltbank-Chef Robert Zoellick menetekelte, »giftiges Gemisch aus menschlichem Leid und sozialem Aufruhr«.

Auch vor den deutschen Kommunen machte die Jagd auf Profite nicht halt. Die Deutsche Bank bot beispielsweise Wetten unter dem Fachkürzel CMS Spread Ladder Swaps an, und die Kommunen griffen aus Verzweiflung über die Not ihrer Haushalte zu. Gewettet wurde auf den Abstand zwischen kurz- und langfristigen Zinsen. Während die Bank bei diesen Wetten nur gewinnen konnte, mussten die Kommunen verlieren. Betroffene Städte wie Hagen, Pforzheim und Würzburg, aber auch private Unternehmen, klagten gegen die dadurch erzeugten millionenschwere Verluste. Bei der Beweisaufnahme durch die Gerichte wurde die »Verharmlosung der Risiken« durch die Anlageberater beklagt. Mit einem Grundsatzurteil vom 22. März 2011 verurteilte der Bundesgerichtshof die Deutsche Bank dazu, den aus dem Abschluss eines CMS Spread Ladder Swaps entstandenen Schaden eines mittelständischen Unternehmens zu ersetzen. Weitere hochriskante Geschäfte mit eigens kreierten Wetten ließen sich dieser Aufzählung hinzufügen.

---

[31] Foodwatch (Hg.), *Die Hungermacher. Wie die Deutsche Bank. Goldman Sachs & Co. auf Kosten der Ärmsten mit Lebensmitteln spekulieren.* Harald Schumann, »Das Brot an den Börsen: Wetten auf den Hunger«, in: *Blätter für deutsche und internationale Politik* 12/2011.

Das revolutionär wirkende Ziel einer Rendite von 25 Prozent hat diese Spekulationsbank in die »Hall of Shame« verbannt. Das brachte den britischen Ökonomen Simon Johnson, ehemaliger Chefökonom des Internationalen Währungsfonds und Professor am Massachusetts Institute of Technology (MIT) im amerikanischen Cambridge, zu der zugespitzten Aussage: »Der deutsche Finanzsektor ist sehr problematisch, und die Deutsche Bank ist besonders gefährdet, sich selbst in die Luft zu jagen. Ihr Chef Josef Ackermann ist einer der gefährlichsten Bankmanager der Welt, weil er darauf besteht, eine Eigenkapitalrendite von 20 bis 25 Prozent zu erzielen.«[32] Zu behaupten, diese Rendite verlangten die Finanzoligarchen in London und New York als Prämie für die Anerkennung auf den internationalen Finanzmärkten ist bemerkenswert naiv und wenig perspektivisch. Denn durch dieses übertriebene Renditeziel wurde ein hochgradiges Systemrisiko produziert, und am Ende müssen die Steuerzahler für teure Rettungsprogramme bezahlen. Noch ist die Deutsche Bank von einem Crash entfernt, und Staatshilfen werden auffällig schroff zurückgewiesen. Aber in der ungebrochenen Fortsetzung dieser Geschäftspolitik schlummern große Gefahren für die gesamte Wirtschaft.

Der beste Kronzeuge für eine schonungslose Kritik an der durch Josef Ackermann gesetzten Mindestrendite von 25 Prozent ist der neue Co-Chef der Deutschen Bank Jürgen Fitschen. Er hält die hohen Profitvorgaben für passé und prophezeit der Deutschen Bank dauerhaft niedrigere Renditen. Bei einem Treffen prominenter Bankenvertreter,

---

[32] Interview mit Simon Johnson, »Ackermann ist gefährlich«, in: *TAZ*, 13. April 2011.

Ökonomen und Politiker deutete er Anfang Dezember 2011 das Ausmaß der reduzierten Zielmarke an: »Es gibt Mutmaßungen in der Branche, die von 10 bis 15 Prozent Eigenkapitalrendite sprechen.«[33] Wichtige Gründe dieser neuen Bescheidenheit seien die erschwerten Geschäfte auf den Kapitalmärkten durch die Staatsschuldenkrise und sinkende Aktienkurse sowie eine stärkere Risikoaversion der Anleger. Den Sinneswandel erklären auch erste Wirkungen verschärfter Regulierungen: Insbesondere die durch die Regulierungsbehörden verlangte Erhöhung des Eigenkapitalpolsters gegenüber Risikogeschäften zwingt zu einer Einschränkung spekulativer Geschäfte und damit zum Verzicht auf Zockergewinne. Aber auch ethischer Kritik an vielen ihrer Zockerprodukten muss sich die Deutsche Bank stellen. So wurde in Reaktion auf die Footwatch-Kampagne Anfang Dezember 2011 die Überprüfung des Ausstiegs aus den Spekulationen mit Nahrungsmitteln angekündigt: Satte Gewinne mit dem Hunger der Ärmsten durch die Spekulation mit Grundnahrungsmitteln soll es nicht mehr geben.

Der neue Co-Chef besteht weiterhin auf der Beibehaltung der Universalbanken: Alle Geschäfte sollen also zusammen mit dem Investmentbanking unter einem Dach bleiben, die Geschäftsfelder zur Risikoabschirmung jedoch streng voneinander getrennt und Verluste aus dem Investmentbanking nicht durch die Erlöse aus den originären Aktivitäten Kredit- und Privatkundengeschäft subventioniert werden. Grundsätzlich ist der durch Jürgen Fitschen angekündigte Kurswechsel überfällig, denn es

---

[33] »Deutsche Bank prophezeit niedrigere Renditen«; in *Spiegel online*, 5. Dezember 2011.

geht um die Sicherung der Zukunft einer leistungsfähigen Deutschen Bank auf der Basis ethischer Grundsätze. Da bleibt nur noch die jedoch wichtige Frage, ob der andere Co-Chef Ansuh Chain, bisher Leiter der aggressiv agierenden Investmentabteilung Corporate & Investmentbank mit Sitz in London, den Wechsel zur Bescheidenheit mittragen wird, denn er muss sein bisher verantwortetes Geschäftsfeld am stärksten reduzieren.

Spiegelbildlich zur ungeschminkten Analyse im Bericht des Unterausschusses des US-Senats zur *Anatomie des Finanzmarktkollapses* werden viele Instrumente und Maßnahmen zur Entmachtung der Finanzmärkte erkennbar. Sie dienen allesamt der Bändigung der »Gobal Players«. Würden beispielsweise die schlimmsten Spekulationsprodukte sowie der Eigenhandel und der außerbörsliche Handel für die Banken verboten, reduzierte sich das Gewinnpotential aus dem geschrumpften Wettgeschäft: Überhöhte Profitraten wären nicht mehr realisierbar, denn den systemgefährdenden Verursachern der Finanzmarktkrise würde das Handwerk gelegt. Bei der Deutschen Bank würde im Dienste der eigenen Existenzsicherung der Druck, Spekulationsgeschäfte zu machen, reduziert.

Zugleich leistete diese Entmachtung der international aufgestellten Großbanken einen wichtigen Beitrag zur Rückgewinnung des Primats demokratischer Macht – statt Bankenmacht. Eine Entmachtung der Vorstände wäre die Folge dieses Schrumpfkurses. Der Lobbyarbeit muss die ökonomische Machtbasis entzogen werden; das Interesse an Ratschlägen nicht mehr systemrelevanter Banker würde schwinden. Der Befreiungsschlag kann demokratische Politik nur stärken.

Bankenversagen: Ärgerliche Vergesellschaftung der Kosten

Die jüngste Finanzmarktkrise zeigt: Die Marktlogik, die eigentlich einen völligen Zusammenbruch modellhaft vorsieht, darf sich nicht austoben. Der Absturz muss vor allem durch den Staat als Lückenbüßer in der Krise verhindert werden, denn eine Großbank, die zusammenbricht, reißt nicht nur das gesamte Bankensystem in die Tiefe. Die Systemrelevanz erzwingt zur Vermeidung eines Dominoeffekts politisches Handeln: Da ein Bankinstitut zu groß und zu verflochten ist, darf es nicht scheitern.

Die Systemrelevanz lässt sich an der Bankbilanz ablesen: Relevant sind die Verbindlichkeiten gegenüber anderen Banken, die aufgenommenen Einlagen einer Bank sowie die eingegangenen Risiken. Bankenanleihen, die in der Bilanz stehen, würden die Lasten eines Zusammenbruchs in die andere Bank transportieren. Auch drohte die Gefahr, dass Kunden im Klima erkennbarer Risiken ihre Einlagen hektisch auflösen. Zusätzlich Bankfeiertage, an denen keine Geschäfte abgewickelt werden, wären die Folge. Schließlich breitete sich ein Misstrauen zwischen den Banken aus. Kurzfristig würden Gelder nicht mehr ausgeliehen oder in Anspruch genommen. Der Zusammenbruch des Interbankenmarktes wäre vorprogrammiert, das monetäre Nervensystem lahmgelegt. Auch die Banken, die nichts mit der Verursachung der Finanzmarktkrise zu tun haben und die seriöse Arbeit leisten, würden in Mitleidenschaft gezogen. Die regional wichtige Sparkasse oder genossenschaftliche Volks- und Raiffeisenbanken gerieten ohne eigenes Verschulden in Schwierigkeiten. Schließlich transportierte sich die Krise des Bankensystems über die

Kreditklemme in die Produktionswirtschaft. Wenn mit der Finanzmarktkrise systemrelevante Banken abzustürzen drohen, gibt es zu staatlich organisierten und finanzierten Rettungsaktionen keine Alternative.

Die für den Aufstieg und Fall von Produkten und Märkten von Joseph Alois Schumpeter beschworene »schöpferische Zerstörung« lässt sich auf den Bankensektor nicht übertragen, denn die zugelassene Zerstörung würde die Grundlagen des Wirtschaftens aushebeln und schöpferische Kräfte nicht mehr zulassen. Dieser systemimmanente Zwang zur Bankenrettung steht jedoch am Ende einer Kausalkette. Viel wichtiger ist: Die Politik muss präventiv die Ursachen dieser Notmaßnahmen bekämpfen, so dass es keiner Rettungsaktionen mehr bedarf. Spielregeln, zu denen auch Verbote aggressiver, volkswirtschaftlich schädlicher Finanzprodukte sowie Zockergeschäfte gehören, verhindern im Kern Finanzmarktkrisen. Der Staat würde aus der erpresserischen Funktion, in der Not zur Hilfe verdammt zu sein, befreit.

Allgemeine Regeln für die Finanzmärkte sind zusammen mit dem Umbau übermächtiger Spekulationsbanken zugunsten der Wahrnehmung dienender Funktionen die entscheidende Voraussetzung, künftig der Wirtschaft und Gesellschaft die ansonsten immer wieder anfallenden und steigenden Kosten der Finanzmarktkrise zu ersparen. Die gesamtwirtschaftlichen Kosten aus der jüngsten Absturzgefahr des Bankensystems wären ohne das böse Zusammenspiel, zuerst des Poltikversagens mit dem darauf folgenden Marktversagen, nicht angefallen. Es liegen mehrere Schätzungen zu den Kosten vor, die durch eine gestaltende Politik hätten vermieden werden können. Die gehandelten Zahlen jenseits der Billionenhöhe übersteigen die Vorstellungskraft und bleiben, abgesehen von methodischen Schwierigkeiten bei der Erfassung, viel zu abstrakt.

Dagegen macht der Blick auf die unterschiedlichen Typen von Krisenopfern die Betroffenheit konkret vorstellbar: Die Rentnerin, der ein arroganter, bonussüchtiger Anlageberater ein haftungsfreies Zertifikat von Lehman Brothers aufgeschwatzt hat, gehört zu den Verlieren, dabei wollte sie nur 10 000 Euro einigermaßen gewinnbringend anlegen, vor allem aber auch ohne große Risiken für die Erben. Einem Bremer, der seine zeitlich befristete Auszahlung für die Altersvorsorge durch Vermögensanlagen sichern wollte, empfahl eine ortsansässige Bank Wettpapiere; ein Gericht setzte wegen der unzureichenden Risikoberatung zumindest einen Vergleich zwischen den Vertragsparteien durch. Weitere Beispiele: eine im guten Glauben handelnde Kommune, die durch Wettgeschäfte auf Zinssatzdifferenzen Millionenbeträge verlieren wird, oder ein regional bedeutendes Kleinunternehmen, dessen Kredit durch die Bank wegen entstandener Kreditklemme teurer oder aber gar verweigert wird. Der sich wie Mehltau über die Wirtschaft verbreitende Vertrauensverlust belastet die Investitions- und Innovationsbereitschaft.

Fest stehen die direkten Kosten, die Bewältigung der Finanzmarktkrise, die den staatlichen Haushalten abverlangt werden. Wichtigster Kostentreiber sind die aufgelegten Rettungspakete. Nachdem zuvor die Profite der zu rettenden Banken privatisiert waren, vergesellschaftet der Staat die Verluste. Umso wichtiger ist, wie diese Vergesellschaftung verantwortungsvoll organisiert wird, denn zu den kurzfristig unvermeidbaren Rettungsfonds gibt es kein einheitliches Modell. Erfahrungen mit unterschiedlichen Rettungspakten lassen sich auflisten; die beiden wichtigsten Instrumente sind:

- *Garantien, Bürgschaften und Zuschüsse:* Der Staat stellt Garantien und Bürgschaften, gelegentlich auch unmittelbare Zuschüsse zur Verfügung. Die Frage, wie die Rückzahlung bei beanspruchten Finanzmitteln durch die geretteten Bankinstitute erfolgt, wird unterschiedlich beantwortet.

- *Bad Banks und Abwicklungsgesellschaften:* Eingerichtet werden sogenannte »Bad Banks« (englisch »Bad Debt Bank«), hinzukommen Abwicklungs- oder Auffangbanken. Bad Banks übernehmen vor allem notleidende toxische Finanzmarktprodukte. Im Begriff Bad Bank, der noch vor wenigen Jahren in Deutschland ein Unwort war, zeigt sich das Elend, das die Zockerbanken angerichtet haben: Der Staat muss die Ramschpapiere in Bad Banks mit der Hoffnung verlagern, deren Werte würden später wieder anziehen.

Heute gilt Schweden als Vorbild für die Bankenrettung. Als wichtige Banken aus eigener Kraft nicht mehr überlebensfähig waren, gründete die schwedische Regierung Anfang der 1990er Jahre Institute, die mit einer Bad Bank vergleichbar sind. Sie sollten notleidende Papiere kaufen, um die Bilanzen der Finanzinstitute zu entlasten. Zeitweilig wurden Geldhäuser komplett in staatliches Eigentum übernommen, um sie umzustrukturieren und später wieder zu verkaufen. Zur großen Überraschung konnte in Schweden die Bankenkrise viel schneller als ursprünglich erwartet überwunden werden: Die Bad Banks, denen fünfzehn Jahre für den Wiederverkauf der Finanzmarktpapiere eingeräumt wurden, konnten schon nach vier Jahren aufgelöst werden. Gute organisatorische Regeln trugen zur schnellen Auflösung bei. Dabei arbeiteten die Institute auch mit Beratern zusammen, die eine erneute Jagd nach riskanten Geschäftsfeldern verhinderten. Sicherlich vollzog sich die schwedische Bankenrettung Anfang der 1990er Jahre gegenüber der heute globalen Finanzmarktkrise unter einem positiveren wirtschaftlichen Umfeld, dennoch lassen sich für die deutsche Rettungspolitik Lehren ziehen: vorübergehende Verstaatlichung, strenge Regulierungen und Begrenzung auf das Kerngeschäft.

In den USA hatte noch die Bush-Regierung unter der Koordination von Hank Paulsen und Ben Bernanke den Rettungsfonds TARP (Troubeld Asset Relief Program) mit einem Volumen von 700 Milliarden US-Dollar eingerichtet. Die Finanzmittel sollten für die Stützung von 350 Banken ausreichen, aber auch Produktionsunternehmen wie General Motors und Chrysler mit Finanzhilfen versorgen. Geholfen werden mussten Fannie Mae und Freddie Mac, dem Versicherungskonzern AIG, Merill Lynch und der amerikanischen Sparkasse Washington Mutual, die in einem Notverkauf an J. P. Morgan Chase ging. Wichtigstes Ziel war es, aus den Bilanzen der Banken die toxischen Papiere herauszulösen. Unterstützte Investmentbanken wie J. P. Morgan Chase oder die Bank of America konnten mittlerweile aus ihren Dividenden die staatliche Stütze zurückzahlen. Da die Aktienkurse der staatlich unterstützten Finanzinstitute wieder angestiegen waren, erhielt der Rettungsfonds auch Gewinne aus den ihm überlassenen Optionen auf entsprechende Aktienkäufe. Der entscheidende Grund für den Erfolg dieses Programms war aber vor allem die Tatsache, dass die bedrohten Institute zur Annahme der Hilfen gezwungen wurden.

Während diese TARP-Investments noch in tiefen roten

Zahlen steckten, konnten 49 Finanzunternehmen ihre Rettungsmittel zurückbezahlen. Im Sommer 2011 verkündete der US-Finanzminister Timothy Geithner, dass sich innerhalb des Gesamtrahmens von 700 Milliarden US-Dollar die Kosten auf 117 Milliarden reduzierten. Diese überraschend niedrigen Aufwendungen waren allerdings auch das Resultat einer besorgniserregenden Entwicklung: Die Investmentbanken, die Teile ihres Geschäfts ausgegliedert hatten, drehten mal wieder ein großes Rad viel zu schnell. Hinzu kam die Expansion völlig intransparenter und unkontrollierter Schattenbanken: Die Bad Banks drohten durch selbige abgelöst zu werden. Die heute ersparten Kosten können mit einer neuen Finanzmarktkrise ins Uferlose steigen. Ohne eine nachhaltige Regulierung des Bankensystems ist die nächste, jedoch tiefere und teurere Finanzmarktkrise bereits in Sicht. Barrack Obama hat in den USA dieses neue Krisenpotential durchaus erkannt, doch seine maßgeblichen Reformvorschläge scheiterten bisher an der Lobby der machtvollen Finanzoligarchie.

Im Eilverfahren wurde in Deutschland der Rettungsfonds für Banken am 17. Oktober 2008 gegründet. Anlass waren ernsthafte Hinweise auf einen Zusammenbruch des deutschen Bankensystems. Deutschland blickte, wie es der damalige Finanzminister Peer Steinbrück beschrieb, in einen »tiefen Abgrund«. Aus großer Angst vor einem Sturm der deutschen Anleger auf die Bankschalter und dann unvermeidbaren Bankfeiertage kam es am Sonntag, dem 5. Oktober 2008, zu einem denkwürdigen Auftritt der Bundeskanzlerin mit dem Bundesfinanzminister. Die verängstigten Bankenkunden fest im Blick, wurde vor laufenden Kameras erklärt: Alle Einlagen sind sicher. Dabei musste klar sein, dass die Bundesregierung niemals die geldnahen Einlagen der privaten Haushalte mit über 1,5 Billionen Euro hätte garantieren können, hätten die Anleger ihre Konten geplündert. Das war eine Politik mit einem Optimismus stiftenden Appell (»moral suasion«), die erfolgreich war: Die Einlagenkonten wurden nicht geplündert. Ganz im Gegenteil nahmen Kunden ihre Einlagen von den Banken, die mit zu hohem Risiko gespielt hatten, und verlagerten sie zu den Sparkassen und Volksbanken. Dieser Erfolg hatte einen wichtigen Grund: Die Politik war erkennbar und glaubhaft bereit, den Absturz des Bankensystems nicht zuzulassen. Genau an dieser Entschiedenheit und Glaubwürdigkeit fehlt es der heutigen Bundesregierung bei der aktuellen Bekämpfung und Überwindung der Euro-Krise.

Mit vier Elementen einer gestaltenden Politik wurde erfolgreich gegengesteuert: Bankenrettungsfonds mit 480 Milliarden Euro, Wirtschaftsfonds für kleine und mittlere Unternehmen gegen die Kreditklemme mit 115 Milliarden Euro, die Konjunkturpakete I und II sowie die sozialpartnerschaftliche Sonderregelung für Kurzarbeitergeld, mit der der ansonsten übliche Abbau der Stammbelegschaft vermieden werden konnte. Für eine kurze Phase machte die Bundesregierung unter der materiellen Gewalt der Krise fast alles richtig. Mit dem Wechsel von der kurz zuvor noch verpönten Konjunkturpolitik nach John Maynard Keynes wurde wenigstens vorübergehend die neoliberale Dogmatik aufgekündigt. Die Belohnung mit einem schnellen Ende des ökonomischen Absturzes sowie die Wende in einen Aufschwung waren gewiss. Allerdings zeichnete sich schnell wieder ein Wechsel zu einer Mischung zwischen neoliberaler Aufschwungsdogmatik und Durchwursteln ab. Wegen des fehlenden Mutes zu einer entschiedenen Politik der Entmachtung der Finanzmärkte wächst ein neues, übermächtiges Krisenpotential heran.

Am 17. Oktober 2008 wurde in Deutschland das Finanzmarktstabilisierungsgesetz verabschiedet. Dazu gehörte die Einrichtung des ersten Bankenrettungsfonds mit einem Volumen von insgesamt 480 Milliarden Euro für notleidende Banken, dem SonderFonds Finanzmarktstabilisierung (SoFFin), welcher der neu geschaffenen »Bundesanstalt für Finanzmarktstabilisierung (FSMA)« unterstellt wurde. Die Arbeit des SoFFin wurde befristet: Nur bis zum Ende 2010 durften Anträge auf Leistungen durch die Banken gestellt werden. Der gesetzlich eingeräumte Sonderweg zur vollständigen Übernahme angeschlagener Finanzinstitute durch den Staat wurde nicht eingeschlagen.

Die Gesetzesnovelle vom Juli 2009 schuf zwei Möglichkeiten für die Einrichtung einer Bad Bank: eine Zweckgesellschaft und eine Abwicklungsgesellschaft. Bei der eigentlichen Bad Bank wurden vor allem mit geringem Wert ausgestattete, strukturierte Finanzmarktpapiere in eine Zweckgesellschaft ausgelagert – verbunden mit Hoffnung auf eine spätere Kurssteigerung, die der Bad Bank Einnahmen einspielen soll. Zugelassen wurde daneben die Etablierung einer Abwicklungsanstalt, auf die ganze Geschäftsteile von Banken übertragen werden, von denen sich die verbleibende Kernbank befreien möchte. Auf Antrag der WestLB wurde Ende 2009 die Erste Abwicklungsanstalt eingerichtet. Nach der vollständigen Übernahme der Hypo-Real-Estate-Gruppe durch den SoFFin wurde auf Antrag dieser Bank im Juli 2010 die Bad Bank FMS Wertmanagement eingerichtet, allein sie kostete den Staat bis Oktober 2011 3,7 Milliarden Euro. Auch in Zukunft muss wegen der langfristigen Laufzeiten vieler Papiere mit weiteren Verlusten gerechnet werden. Angesichts dieser hohen Risiken drohen den Steuerzahlern immense Belastungen. Mit Erlösen aus dem günstigen Verkauf der derzeit minderwertigen Papiere in Folge von Kurssteigerungen ist nicht zu rechnen.

Durch die Bankenrettung verzeichnete der SoFFin zum 30. Juni 2011 eine Unterdeckung von 8 Milliarden Euro, 2009 beliefen sich die Verluste noch auf 4,3 und 2008 auf 4,8 Milliarden Euro. Ursache sind Minusposten der verstaatlichen Immobilienbank Hypo Real Estate (HRE), der Bad Bank FMS Wertmangement und bei der Erste Abwicklungsanstalt der WestLB. Allein diese beiden Banken werden hohe Zahlungen aus dem Bundeshaushalt erforderlich machen. Die Übersicht »Bankenrettungsmittel des Bundes (SoFFin)« vom Dezember 2011 weist aus: Summe der aktuellen Kapitalhilfen 19,7 Milliarden Euro, aktuelle Garantien 28,2 Milliarden Euro sowie aus der Gesamthaftung für Bad Banks mit dem Haftungsrisiko für den Bund von 223,9 Milliarden Euro. Dazu gehört auch die Commerzbank mit einem Volumen von 11,7 Milliarden Euro (stille Einlagen, Aktien und Garantien) sowie die WestLB mit 53,9 Milliarden Euro.

Die deutsche Rettungspolitik hat zwei schwere Fehler begangen: Im Gegensatz zu den USA konnten die betroffenen Banken freiwillig entscheiden, ob sie die Staatshilfe annehmen oder nicht, außerdem zeigte sich schnell, dass die viel zu kurze Befristung nicht zu halten war. Mit dem durch die Bundesregierung Mitte Dezember 2011 vorgelegten Entwurf für ein Zweites Finanzmarktstabilisierungsgesetz, das bis Ende 2012 verabschiedet werden soll, werden folgende Änderungen angestrebt: Die Frist für die

Vergabe von Garantien in Höhe von 400 Milliarden Euro sowie 80 Milliarden Euro an Kapitalmaßnahmen durch die SoFFin soll verlängert werden, in die Bad Banks dürfen über die bisher bereits zugelassenen strukturierten Wertpapiere hinaus andere Risikopapiere eingebracht werden. Im Zuge der durch die Europäische Union durchgesetzten Zerschlagung der WestLB wird eine neue Bad Bank mit einem Volumen von 56 Milliarden Euro unter den Fittichen des SoFFin eingerichtet.

Durch diese grundlegenden Fehler bei der Rettung systemischer Banken wird die Rechnung für den Steuerzahler nach oben getrieben. Ideologisch begründeter mangelnder Mut der Politik zur Restrukturierung und Abwicklung wirken sich immer noch belastend aus. Erforderlich sind folgende Maßnahmen:

– *Systemrelevanz:* Die Systemrelevanz muss mit sogenannten Modellrechnungen eindeutig fixiert werden. Banken, die nicht systemrelevant sind, sollten abgewickelt werden, denn eine Rettung mit Steuermitteln ist aussichtslos.

– *Verstaatlichung:* Vergleichbar dem schwedischen Modell sollten die zu rettenden Banken komplett und zumindest befristet verstaatlicht werden. Nach gelungener Sanierung wäre eine Neugründung einer regional ausgerichteten Bank mit einer starken kommunalen Eigentümerstruktur anzustreben.

– *Mitbestimmung:* Soweit sich der Staat an Banken direkt beteiligt, sollten die hinzugewonnenen Aufsichtsratsmandate zum Ausbau der Mitbestimmung zugunsten der Beschäftigten und ihren Gewerkschaften genutzt werden. Die bisher entsandten Staatsvertreter müssen abgelöst werden. Sie bewegen sich in Interessenkonflikten, und oftmals fehlt es an unternehmensspezifischer Kompetenz.

Nur mit entschiedenen Maßnahmen hat Deutschland eine Chance, die gesellschaftlichen Kosten einer Bankenkrise nachhaltig zu vermeiden.

Minimonster Bankenabgabe: Placebo für die Steuerzahler

In vielen Ländern sahen sich die Regierungen gezwungen, dem drohenden Absturz systemrelevanter Banken mit milliardenschweren Rettungspaketen zu begegnen. Kurzfristig konnten die Rettungsmilliarden nur durch den Griff in die öffentliche Schuldenkiste aufgebracht werden. Dies erklärt auch den sprunghaften Anstieg der öffentlichen Verschuldung in den vielen betroffenen Ländern. Während beispielsweise Irland vor der Bankenkrise keine Probleme mit seinen öffentlichen Haushalten hatte, trieben die Kosten für die Bankenrettung den Staat in den Ruin und ließen ihn zum Hilfsfall im Euro-Raum werden. Weitere Euro-Länder wurden durch die plötzliche Finanzierung von Bankenrettungsprogrammen fiskalisch in die Knie gezwungen. Diese Belastung verschärfte auch in Griechenland die ohnehin erkennbaren Finanzprobleme. Durch schlechtes Management und unzureichende Absicherungen wurden die Finanzierungslasten beim Staat abgelagert.

Diese dauerhafte Vergesellschaftung der durch die Krisenbanken erzeugten Kosten für die Steuerzahler hat massive Proteste ausgelöst. Verstärkt wurden die Proteste durch die Erwartung, dass nach gelungener Sanierung die geretteten Banken ihre Gewinne wieder privat einstreichen, vor allem aber die Rückzahlung an den Fiskus verweigern würden. Im Frühjahr 2011 stellte der Internationale Währungsfonds besorgt fest, dass eine erneute Mobilisierung staatlicher Finanzmittel zur Überwindung einer neuen Bankenkrise nicht finanzierbar sei und von der großen Mehrheit der Bevölkerung nicht mehr widerspruchslos hingenommen würde.

In Deutschland wurde Anfang 2011 als Antwort auf diese Kritik an den öffentlichen Ausgaben für Bankenrettungen nach einer längeren Debatte per Gesetz eine Bankenabgabe für alle Kreditinstitute mit Ausnahme der Förderbanken eingeführt.[34] Die Einnahmen werden zur Finanzierung eines eigens eingerichteten Restrukturierungsfonds verwendet. Verwaltet wird dieser Fonds durch die Bundesanstalt für Finanzmarktstabilisierung (FMSA).

Um die Abwicklung eines systemrelevanten Kreditinstituts zu beschleunigen, sind im gesetzlich festgelegten Verfahren zwei Stufen vorgesehen: zuerst ein eigenverantwortliches Sanierungsverfahren auf Initiative des Kreditinstituts, danach ein hoheitlich verordnetes Reorganisationsverfahren, das sich am Insolvenzplanrecht orientiert. Gegenüber der normalerweise erforderlichen Abstimmung mit den Gläubigern über Kürzungen der Forderungen oder deren Umwandlung in Eigenkapital geht es in der zweiten Stufe darum, Handlungsfähigkeit herzustellen, wenn die beteiligten Eigentümer (Aktionäre) nicht bereit sind, an der Reorganisation mitzuarbeiten. Anlass dazu gaben die Widerstände der Eigentümer bei der Ret-

---

34 Rudolf Hickel, »Stellungnahme zur Bankenabgabe und Restrukturierung der Banken« für die öffentliche Anhörung durch den Finanzausschuss des Deutschen Bundestags, Berlin, 6. Oktober 2010, http://www. Iaw.uni-bremen.de/hickel.

tung der Hypo Real Estate. Das Gesetz sieht außerdem ein »hoheitliches Eingriffsverfahren« vor, um systemrelevante Geschäftsbereiche der betroffenen Bank in eine »Brückenbank« ausgliedern zu können. Der Restrukturierungsfonds kann sich an der zu rettenden Bank beteiligen und dazu neu ausgegebene Aktien erwerben oder stille Beteiligungen eingehen.

Als potentieller Verursacher sammelt das Bankensystem Finanzmittel an, die zur Rettung systemrelevanter Kreditinstitute zur Verfügung gestellt werden. Die Höhe der Beiträge richtet sich nach der Größe und Vernetzung der Geldinstitute. Hierbei sind die Summe der eingegangenen Verbindlichkeiten und der Umfang der noch nicht abgewickelten Termingeschäfte maßgeblich; nicht berücksichtigt werden Verbindlichkeiten gegenüber den Kunden sowie das Eigenkapital. Die Abgabensätze werden nach der Größe der Bemessungsgrundlage gestaffelt. Nach einem Freibetrag sind zuerst 0,0002 Prozent fällig, ab 300 Millionen Euro wird der Spitzensatz mit 0,0006 Prozent erreicht. Der Jahresbeitrag ist jedoch noch oben begrenzt und darf 20 Prozent des Jahresergebnisses nach der Gewinn- und Verlustrechnung nicht übersteigen.

Mit dem Restrukturierungsfonds sollen nach den Erwartungen des Gesetzgebers dauerhaft 70 Milliarden Euro gesichert werden. Reicht der Jahresbeitrag zur Auffüllung des Fonds nicht aus, kann eine Sonderabgabe erhoben werden, die aber die Wirtschaftlichkeit des zahlenden Instituts nicht in Frage stellen darf. Allerdings ist für den Fall der Fälle eine Hintertür eingebaut: Sollte eine zeitnahe Deckung des Mittelbedarfs durch Sonderbeiträge nicht erreicht werden, ist es dem Restrukturierungsfonds erlaubt, Kreditmittel aufzunehmen. Die Steuerzahler sind dann zumindest über die hierauf zu leistenden Zinszahlungen dabei.

Nach den Planungen des Bundesfinanzministeriums sollen jährlich circa 1,3 Milliarden Euro aus der Bankenabgabe in den Fonds fließen. Somit würden die 70 Milliarden Euro Gesamtsumme erst in mehr als fünfzig Jahren erreicht. Inzwischen zeigen erste Hochrechnungen für das erste Jahr der Bankenabgabe jedoch, dass selbst diese 1,3 Milliarden Euro nicht zu erzielen sind. So bleibt auch die Deutsche Bank mit 124 Millionen Euro deutlich hinter den Erwartungen zurück. Die Kritik an der Bankenabgabe lässt sich in Kurzform so zusammenfassen:

– *Unklare Systemrelevanz:* Die im Entwurf dieses Gesetzes vorgesehene Definition der Systemrelevanz einer Bank, nach der, wenn diese zusammenbricht, andere Finanzdienstleistungsunternehmen wie Banken, Versicherungen oder Kapitalfonds sowie die Gesamtwirtschaft belastet werden, ist kaum nachvollziehbar. Dadurch bleibt es der Finanzaufsicht und der Politik überlassen, die Kriterien von Fall zu Fall – auch opportunistisch – festzulegen. Zur angemessenen Erfassung des Systemrisikos sollten die drei Kriterien in die Legaldefinition aufgenommen werden: die Größe des Instituts sowie der Anteil des Investmentbankings, das Volumen und die Struktur der Verbindlichkeiten gegenüber anderen Instituten (Vernetzung) sowie die Ersetzbarkeit der Funktionen durch andere Kreditinstitute.

– *Falsche Anreize:* Die Bankenabgabe ist ein Minimonstrum, das zudem falsche Impulse setzt. In der Begründung zum Gesetz wird behauptet, die Bankenabgabe schaffe für die Bankenvorstände und die Kontrollgremien einen Anreiz, riskante Geschäfte zu unterlassen.

Doch die unterstellte Erwartung ist nicht realistisch: Spekuliert wird auf Banken, die auf unseriöse Aktivitäten verzichten würden, um den Rettungsfonds zu schonen. Schon allein wegen der sehr geringen Belastung durch die Bankenabgabe wird der gut gemeinte Anreiz keine große Rolle spielen. Schließlich droht die Gefahr, dass die Aufwendungen für die Bankenabgabe auf die breite Masse der Kunden abgewälzt werden. Zu erwarten ist eher ein kontraproduktiver Anreiz nach dem Motto: Wenn die systemrelevante Bank in eine »Schieflage« geraten sollte, wird diese am Ende mit Finanzmitteln aus dem Fonds gerettet. Es könnte also eher ein hasadeurhaftes Fehlverhalten (»moral hazard«) ausgelöst werden.

– *Unberechtigte Gleichmacherei:* Die allgemeine Abgabe für alle Banken mit Ausnahme der Förderbanken behandelt Ungleiches gleich. Auch Sparkassen und Genossenschaftsbanken werden nach denselben Regeln belastet, obwohl diese Institute mit ihren risikoaversen Geschäftsmodellen die Finanzkrise, für die sie jetzt bezahlen sollen, wirklich nicht zu verantworten haben. Zudem verfügen diese beiden Bankengruppen gegenüber den Privatbanken über ein eigenes Sicherungssystem, das großzügig einspringt, wenn eines dieser Kreditinstitute in die Krise geraten sollte. Wegen ihrer Sicherungsmaßnahmen benötigen sie nur im unwahrscheinlichen Extremfall den Rettungsfonds. Die krampfhafte Rechtfertigung im Gesetzesentwurf, auch diese Banken würden von der Rettung der systemrelevanten Kreditinstitute profitieren, verwechselt die Wirkungen mit den Ursachen der Finanzmarktkrise. Schließlich werden Versicherungen sowie institutionelle Investoren, die von den Rettungsmaßnahmen ebenfalls profitieren, auch nicht in den Bankenrettungsfonds einbezogen.

– *Unvollständige Bemessungsgrundlage:* Mit der Konzentration der Bemessungsgrundlage dieser Bankabgabe auf die beitragsrelevante Passivseite in der Bankenbilanz (Bilanzsumme abzüglich der gesicherten Einlagen von Kunden und des Kerneigenkapitals) werden die risikorelevanten Forderungen auf der Aktivseite praktisch nicht berücksichtigt. Immerhin sollen zumindest die die Finanzmarktkrise antreibenden, außerbörslichen Derivate mit 0,00015 Prozent erfasst werden. Mit dem Gesetz muss dafür Sorge getragen werden, dass die Eintrittswahrscheinlichkeit eines Risikos auf der Seite der Aktivseite (Forderungen der Banken wie Kredite oder strukturiere Wertpapiere) durch eine Abgabe unattraktiv gemacht wird. Werden die Bestände aus riskanten Geschäften auf der Aktivseite eingedämmt, sinkt die Gefahr einer Insolvenz.

Die Nachteile der Bankenabgabe überwiegen die beschränkten und zugleich unsicheren Vorteile. Die Belastung durch die Abgabe ist gegenüber den seriösen Kreditinstituten ungerecht und schafft falsche Anreize. Am Ende fällt das Risiko der Finanzierung von Rettungsprogrammen auf den Steuerzahler. Denn der »Lender of Last Resort«, der Kreditgeber letzter Instanz, ist der Lückenbüßer Staat. Die Bankenabgabe wirkt somit wie ein Placebo in der medizinischen Therapie. Die Alternative zu der gut gemeinten, jedoch hilflosen Bankenabgabe lautet: Strenge Finanzmarktregulierungen sowie die Zerschlagung der Spekulationsbanken zugunsten dienender Kreditinstitute machen den Rettungsfonds und dessen Finanzierung über eine Bankenabgabe überflüssig.

6
Macht die Banken seriös

Vom Spekulationswahn zur regional
dienenden Funktion des Bankensystems

Der Absturz nach der Entfesselung der Finanzmärkte hat
das gesamte Bankensystem in eine Vertrauens- und Ak-
zeptanzkrise gestürzt. Da bleibt kein Platz mehr für eine
feinsinnige Unterscheidung der einzelnen Bankentypen.
Selbst die genossenschaftlichen Volks- und Raiffeisenbanken sowie die meistens kommunal verantworteten
Sparkassen in Deutschland, die nicht in gigantischem
Ausmaß ein raffgieriges Investmentbanking mit Existenz
bedrohenden Spekulationsgeschäften betrieben haben,
drohen im Strudel der allgemeinen Bankenkritik mitgerissen zu werden. Auch werden alle Landesbanken, die
den Lobbyisten der Finanzmärkte, den Privatbanken und
marktfundamentalistischen Politikern als Konkurrenten
immer schon ein Dorn im Auge waren, in einen Topf
geworfen. Die Bereitschaft, die wenigen Landesbanken
anzuerkennen, die ihrem Auftrag in der Region gerecht
geworden sind gegenüber der Mehrheit der Landesbanken
mit angeschlossenem Spielkasino, geht im allgemeinen
Banken-Bashing unter.

Es gilt deshalb, die Spreu vom Weizen zu trennen. Es
sind die Großbanken mit übermächtigen Spekulationsabteilungen und die Schattenbanken wie Hedgefonds und
andere Finanzinvestoren, die rücksichtslos mit ihren Ge-

schäften zur Systemgefährdung geworden sind. Deren Tätigkeitsfelder gilt es zu zerschlagen.

Erste Anfragen an die Zukunft der Banken

Bei der Suche nach den Banken, die eine Zukunft verdienen, ist eine rückblickend differenzierte Betrachtung erforderlich. Die Frage konzentriert sich auf die Typen von Banken, die in einer ohnehin risikoanfälligen, internationalisierten Wirtschaft Finanzdienstleistungen zu angemessenen Bedingungen zur Verfügung stellen. Mit ihren Zielen und operativen Geschäften sollte sich die Bank der Zukunft auf ihre dienenden Funktionen konzentrieren und wahnhafte Spekulationsgeschäfte ausschließen. Gemessen an diesem Leitbild müssen die Banken, die den bisherigen Beinahe-Absturz der Finanzmärkte maßgeblich verursacht haben, zerschlagen werden. Davon betroffen sind alle Banken mit hochriskanten Geschäftsbereichen im Rahmen des Investmentbankings, die im Fall von Verlusten das Kundengeschäft belasten.

Die Forderung, Banken mit Spekulationsabteilungen zu zerschlagen, hat sich unter dem Eindruck der bösen Taten spätestens seit der jüngsten Finanzmarktkrise herumgesprochen. Paul Volker, der ehemalige US-Notenbankchef und Chefberater von Barack Obama, gibt das Ziel zum Umbau des Bankensystems vor. Auch die OECD forderte im Oktober 2011 die Zerschlagung der Großbanken. Banken müssen auf ihre dienenden Funktionen schrumpfen.[35]

---

[35] »OECD fordert Zerschlagung der Großbanken«, in *Frankfurter Allgemeine Zeitung*, 13. Oktober 2011; http://www.fazu.net/-gqe-6uan6.

Das reicht jedoch nicht aus. Um künftig den Run ins Wettgeschäft zu verhindern, müssen die Finanzmärkte reguliert und kontrolliert werden. Strenge Spielregeln zwingen die Risikobanken, Geschäfte einzustellen – und das bedeutet auch das Verbot von Spekulationsgeschäften, deren Sprengsatzwirkung mit »Massenvernichtungsmitteln« verglichen wird. Je mehr die Finanzmärkte zivilisiert werden, umso stärker müssen die Bankengeschäfte schrumpfen.

Die größte Gefahr wird als Regulierungsdialektik beschrieben: Banken begeben sich auf die Flucht aus den gesetzten Spielregeln. Sie verlagern ihre Risikogeschäfte in die Unterwelt der Schattenbanken. Wenn dagegen nichts unternommen wird, droht erneut ein riesiger Finanzmarktkollaps. Zivilisierung der Finanzmärkte heißt, diese Geschäfte im Dunkel durch Regulierungen mit Scheinwerfern zur Kontrolle auszuleuchten. Zerschlagen werden müssen diese illegalen Wettbüros in den Hinterzimmern des Finanzmarktkapitalismus.

Die allgemeine Finanzmarktkrise mit der spezifischen Triebkraft Banken verlangt eine Doppelstrategie: Zivilisierung der Finanzmärkte zusammen mit einem der Wirtschaft und Gesellschaft dienenden Bankenwesen. Oder wie es der Ökonomie-Nobelpreisträger und fundierte Kritiker des Marktfundamentalismus Paul Krugman formulierte: »Making Banking boring«, macht Banken stinklangweilig und damit seriös. Ziel ist eine Fundamentalreform des Bankensystems, die mit der Zerschlagung der Raffgierbanken der Bändigung des derzeit exzessiven, finanzmarktgetriebenen Kapitalismus dient.

Wut und Empörung über das Versagen systemrelevanter Banken treiben fundamentalistische Radikalvorschläge hervor. Da klingt die Forderung nach Totalverstaatlichung des Bankensystems noch harmlos. Propagiert wird eine radikale Demontage des heutigen Geldsystems.

Im Kreuzfeuer der Kritik steht der Geldzins, denn die Zinswirtschaft gilt als Ursache für das ganze Krisenelend. Deshalb wird die Abschaffung der Zinsherrschaft gefordert: Unter kapitalistisch-geldwirtschaftlichen Bedingungen verlangt der Besitzer des Vermögenswertes Geld einen Zins von demjenigen, der aus diesem Geld – vermittelt über die Bank – einen Kredit erhält. Die Sucht, die Kreditvergabe zu erhöhen, ist im System angelegt, die Zinsen müssen jedoch verdient werden. Am Ende ist ihr Quell die wirtschaftliche Produktion. Wenn aber mit den Krediten die Zinsansprüche steigen, lässt sich das nur über eine erweiterte ökonomische Reproduktion erreichen. Das gegenüber den ökologischen Lasten blinde Wirtschaftswachstum wird zur Leitgröße. Dieser das Wirtschaftswachstum treibenden Zinsdynamik soll durch die Abschaffung des Geldes als Vermögenswert ein Ende gesetzt werden.

Geld wird ausschließlich auf seine Zahlungsmittelfunktion beschränkt. Die Geldverfassung reduziert sich auf die gesetzlich regulierte Umlaufsicherung. Beim »umlaufgesicherten Geld« geht es um die Idee, dafür zu sorgen, dass Bargeld nicht gelagert und damit nicht spekuliert wird, sondern schnell für Ausgaben und damit zur produktionswirtschaftlichen Nachfrage genutzt wird. Eine zinsenbringende Einlagerung des Geldes, etwa als Spareinlage, ist verpönt.

Diese Vorschläge gehen auf das Modell einer Freiwirtschaft zurück, in der auch die Bodenrente eingeschränkt wird. Vater dieser Lehre ist Sylvio Gesell (1862–1930); sein Hauptwerk betonte die beiden Ziele: *Die natürliche Wirt-*

schaftsordnung durch Freiland und Freigeld von 1916.[36] Bekannt wurde das Freilandexperiment von 1932 im österreichischen Wörgl um den Bürgermeister Michael Unterguggenberger. Das ausgegebene Papiergeld war mit der Auflage verbunden, es innerhalb der dort aufgedruckten Zeit wieder auszugeben. Wurde es nicht in den Kreislauf zurückgegeben, zum Beispiel beim Einkaufen, verfiel es. Der recht erfolgreiche Modellversuch wurde 1933 von der österreichischen Nationalbank untersagt,[37] heute aber taucht er bei den Versuchen, Regionalwährungen einzuführen, wieder auf. Ein Beispiel hierfür ist der Roland in Bremen: In den Läden und Produktionsstätten, die dem Verbund angehören, wird nur mit diesem Roland bezahlt. Es handelt sich also um eine Tauschmittelwirtschaft. Solche Projekte blieben jedoch bisher auf kleine Nischen innerhalb der Euro-Währung beschränkt.

Geld ist die Nervennahrung moderner Wirtschaften: Jeder hat diesen Vermögenswert in Form von Banknoten und Münzen in der Tasche. Zum Bargeld kommen die Sichteinlagen auf dem Girokonto, über das mit der Geldkarte jederzeit verfügt werden kann. Zu den konkreten, fassbaren Banknoten und den Münzen addiert sich das virtuelle Plastikgeld. Dabei wird der Zugriff auf Geld durch Online-Banking zunehmen. An Bedeutung gewinnt auch der Einsatz von Smartphones als künftige »Bankterminals in der Hosentasche«.

Was aber ist Geld, das wenige zu viel und viele zu wenig haben? Das Geldrätsel lässt sich am besten über die spezi-

---

[36] Silvio Gesell, *Die natürliche Wirtschaftsordnung durch Freiland und Freigeld*, 4. Auflage 1920.
[37] »Das Wunder von Wörgl«, in: *Die Zeit*, 22. Oktober 2010, http://www.zeit.de/2010/52/Woergl.

fischen Funktionen dieser speziellen Ware in der Wirtschaft auflösen. Zunächst ist Geld die allgemein akzeptierte Rechnungseinheit in einer arbeitsteiligen Wirtschaft. Im Unterschied zu einer Tauschwirtschaft, in der sich die Käufer und Verkäufer von Waren umständlich und zeitaufwendig zum Austausch treffen müssen, wird der Preis der Waren in Geld ausgedrückt. Für den Kauf eines Produktes wird eine Geldsumme bezahlt. Durch den Verkauf wird ein Geldbetrag erzielt. Die Kette lautet: Geld gegen Waren und Waren gegen Geld. Den Zugang zur sowie die Teilhabe an der Warenwelt definieren die monetären Einkommen, die Beschäftigte für ihre Arbeit, Unternehmer als Gewinn und Erträge aus Vermögen erhalten.

Die zweite wichtige Funktion des Geldes ist die Nutzung als Zahlungsmittel. Die Zahlungsmittelfunktion wird gesetzlich garantiert. Allerdings kann in Phasen eines tiefen Misstrauens in die Geldwirtschaft die gesellschaftliche Akzeptanz von Geld verloren gehen – erinnert sei an die Zigarettenwährung Ende des Zweiten Weltkriegs oder an die Flucht in Beton (Immobilien) in Phasen hoher Inflationsraten sowie des Vertrauensverlusts in allgemeinen Krisenzeiten. Deshalb sind vor allem die für die Schaffung des Geldes und Sicherung des Geldwertes zuständigen Notenbanken bemüht, das Vertrauen in die Währung zu stärken, im Euro-Raum ist das die Europäische Zentralbank. Zu Ihren Aufgaben gehört, den Wertverlust der Kaufkraft des Geldes durch Inflation zu verhindern und Zusammenbrüche in der Bankenwelt zu vermeiden.

Eine weitere, für kapitalistische Geldwirtschaften zentrale Funktion kommt hinzu: Geld ist über die Funktion als Zahlungsmittel hinaus ein eigenständiger Vermögenswert. In der ökonomischen Literatur wird dafür der antiquierte Begriff Wertaufbewahrungsfunktion genutzt. Der Nutzen des Geldes als Vermögenswert zeigt sich vor allem in Phasen pessimistischer Wirtschaftsentwicklung: Da die erwarteten Renditen durch den Kauf von Wertpapieren vergleichsweise niedrig sind, lohnt es sich für die Wirtschaft Geld zu halten, denn das erlaubt, bei veränderter Lage schnell wieder Ausgaben zu tätigen. Geld schafft den Vorzug, über Liquidität zu verfügen. In den letzten Jahren wurde trotz extrem niedriger Zinsen Vermögen in Liquidität geparkt. Hier spiegeln sich unübersehbar pessimistische Erwartungen über die künftige Wirtschaftsentwicklung wider.

Die Vermögensfunktion des Geldes abzuschaffen, würde mehr Nach- als Vorteile bringen. Allerdings sollten die Erkenntnisse vor allem über die wachstumstreibende Zinsdynamik bei der Regulierung der Finanzmärkte berücksichtigt werden. Dazu gehört die Aufgabe, vor allem Geschäfte mit Geld, die den Bezug zur realen Wirtschaft verloren haben und nur Spekulationsgewinne mehren sollen, zu begrenzen. Auf dieser Basis lassen sich die Vorteile einer regulierten Kreditwirtschaft nutzen. Joseph Alois Schumpeter hat in seinem Werk den Nutzen der Geldwirtschaft gezeigt: Banken vermitteln überschüssiges Sparkapital in Form von Einlagen zur Finanzierung von Unternehmenskrediten. Mit ihnen lassen sich gleichsam aus dem Nichts Innovationen durchsetzen. Die Kreditwirtschaft ist ein wichtiger Hebel für den »dynamischen Wirt«, der mit Innovationen als Durchsetzung neuer Kombinationen die »schöpferische Zerstörung« vorantreibt.[38] Kredite sind

---

[38] Joseph Alois Schumpeter, *Theorie der wirtschaftlichen Entwicklung*, Berlin 2011; 2., gekürzte und überarbeitete Ausgabe 1926 unter dem

also nicht genuin Teufelszeug, entscheidend sind die Spielregeln, die für die Kreditwirtschaft gelten.

Ziele und Umsetzung der Neuordnung eines von Macht befreiten Bankensystems ergeben sich aus dessen originären Funktionen. In den Mittelpunkt gerückt wird wieder die traditionelle Geschäftsbank. Dafür steht auch der Begriff Kreditinstitut, den das Kreditwesengesetz nennt, das die Regeln für Banken vorschreibt. Eine erste Orientierung über das Bankensystem der Zukunft erschließt sich durch den Rückblick auf die Funktionsweise der Geschäftsbanken vor der Phase der Entfesselung der Finanzmärkte: Damals gab es Großbanken, jedoch ohne raffgierige Spekulationsabteilung. Ein Zurück zu diesem auch regional stark ausgeprägten Bankensystem heißt Zerschlagung der Spekulationsabteilungen im Rahmen des Investmentbankings.

Systemrelevante Banken, die über ihre Einlagen- und Kreditgeschäfte stark vernetzt sind, darf es nie wieder geben. Eine Größe der Banken und Verflechtung der Bankengeschäfte ist anzustreben, die bei einer Insolvenz den Staat nicht mehr fast automatisch zwingt, Rettungsmaßnahmen über die steuerfinanzierten öffentlichen Haushalte zur Verfügung zu stellen. Damit wird auch die Antibank überflüssig, die Bad Bank, die zur Rettung eines vom Absturz bedrohten Finanzinstituts eingerichtet werden muss. Ziel ist es, die Banken auf ihre für die Wirtschaft und Gesellschaft dienenden Funktionen zurückzuschrauben. Dazu gehören sicherlich nicht auf eigene Rechnung einer Spekulationsbank betriebenen Wetten und Zockergeschäfte.

Titel *Theorie der wirtschaftlichen Entwicklung. Eine Untersuchung über Unternehmergewinn, Kapital, Kredit, Zins und den Konjunkturzyklus,* Neuausgabe von Jochen Röpke und Olaf Stiller (Hg.), Berlin 2006.

Banken gehören zur wichtigsten Gruppe der Finanzintermediäre. Sie übernehmen mit vielen anderen Instituten die Vermittlung der Nachfrage gegenüber dem Angebot von Kapital. In der Darstellung zu einer »vereinfachten Struktur des deutschen Finanzsystems« wird die Rolle der Banken neben den Kapitalanlagegesellschaften, Versicherungen und Kapitalmärkten als Vermittler zwischen Einlegern und Kreditnehmern identifizierbar.

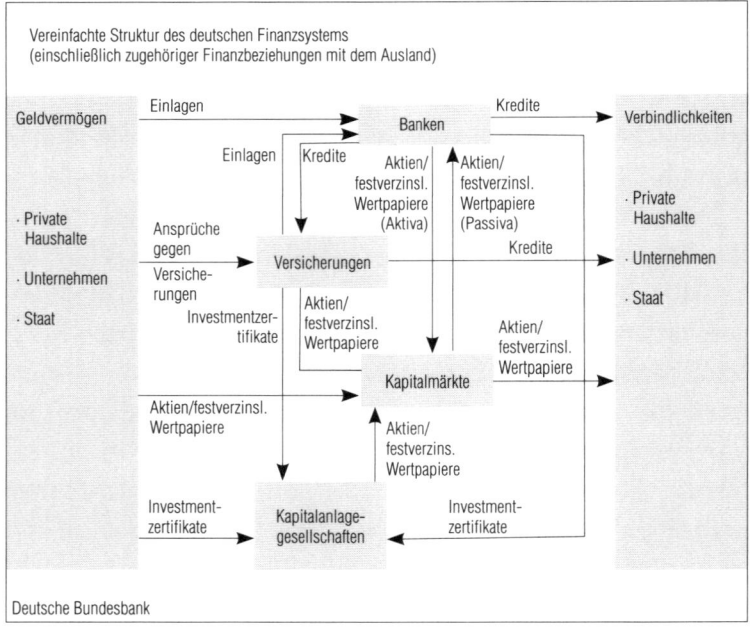

Struktur des deutschen Finanzsystems[39]

[39] Deutsche Bundesbank, »Ergebnisse der gesamtwirtschaftlichen Finanzierungsrechnung für Deutschland 2005 bis 2010«, *Statistische Sonderveröffentlichung*, 4. September 2011, S. 7.

In der heilen Welt der Banken besorgen sich diese, abgesehen von der Fremdfinanzierung, zum Beispiel durch Anleihen, durch Spar- und Termineinlagen die Mittel, die sie neben dem Kauf von eigenen Sach- und Finanzanlagen den Kreditnehmern zur Verfügung stellen. Maßgebliche Quelle des Gewinns ist die Zinsmarge, also die Differenz zwischen den eingenommenen Zinssätzen und den an die Einleger ausbezahlten Zinsen. Auf diese Transformationsfunktion sollte künftig das Bankensystem konzentriert werden. In diesem Modell haben von der Produktionswirtschaft abgekoppelte Spekulationsgeschäfte nichts zu suchen.

Wie wichtig die Banken für die Pools von Einlagen als Basis der Kreditvergabe sind, zeigen die Daten der Geld- und Vermögensrechnung der Deutschen Bundesbank: 2010 beliefen sich das Bargeld und die Einlagen bei den privaten Haushalten auf 1868 Milliarden Euro. Allein 2009 auf 2010 hat sich diese Summe um 80 Milliarden Euro erhöht.[40] Gegenüber diesem Einlagenpool addiert sich der Bestand an Unternehmenskrediten ohne die Finanzinstitute auf 1474 Milliarden Euro. Auf zusätzliche Finanzierungsquellen wie Aktien und sonstige Beteiligungen der Unternehmen wird hier nicht weiter eingegangen. Die volkswirtschaftlichen Transformationsaufgaben, die sich auf Banken konzentrieren, sind unübersehbar. Diese zu stärken, ist das Ziel des Bankenumbaus.

Allgemein betrachtet gelten drei zentrale Schwerpunkte der Transformation auch für das künftige Bankensystem:
– *Losgrößentransformation:* Da sich die kundenbezogenen Einlagen und Kredite in der Höhe unterscheiden,

---

[40] Deutsche Bundesbank, *Monatsbericht*, September 2011, S. 52 ff.

kommt der Bank die Aufgabe zu, diese zu bündeln und so eine Losgrößentransformation vorzunehmen.

– *Fristentransformation:* Die Bank löst das Problem der Fristentransformation. Die unterschiedlichen Fristen der Kreditgeschäfte (Aktivseite der Bilanz) werden mit den Fristen der Einlagegeschäfte (Passivseite der Bilanz) vereinbar gemacht. Dabei stellen sich folgende Probleme: unterschiedliche Fristen der Verträge, Verfügbarkeit von Liquidität, falls ein Einleger Geld beansprucht, sowie das Risiko der Zinsänderung.

– *Risikotransformation:* Der Bank stellt sich die Aufgabe der Risikotransformation. So werden beinahe sichere Einlagen auch für deutlich unsichere Kredite eingesetzt. Hier handelt es sich um ein normales Risiko des Bankengeschäftes. Auf die Begrenzung dieses Risikos konzentriert sich die Vergabe von Eigenkapital, das die Regulierungsbehörde unter Berücksichtigung der unterschiedlichen Risiken bei der Kreditvergabe festlegt.

Zur Bewältigung dieser unterschiedlichen Transformationsaufgaben hat sich ein breites Angebot an Dienstleistungen durch die Banken entwickelt: Kontoführung und Zahlungsverkehr einschließlich Kreditkarten, Anlageinstrumente wie Spareinlagen und Wertpapiergeschäfte einschließlich Anlageberatung sowie die Kreditvergabe. Schließlich kommt der Finanzierung der Gebietskörperschaften vor allem im Rahmen des Schuldenmanagements eine wichtige Rolle zu.

Es kann hier nicht um die vollständige Aufzählung und Erläuterung aller Arten von Bankgeschäften gehen. Vorangetrieben durch die Entfesselung der Finanzmarktkrise sind jenseits der originären Geschäfte Instrumente zum »kurzfristigen Gezocke« (Josef Ackermann) und hochgradig riskante Wetten auf Preis- und Kursveränderungen geschaffen worden. Vor allem bei den Großbanken hat sich ein neuer Geschäftszweig explosionsartig entwickelt: das Investmentbanking, bei dem die Bank nicht mehr nur für Kundenaufträge aktiv wird. Die Spekulationsbank dreht mit dem Eigenhandel auf eigenes Risiko ein riesiges Rad.

Es war Josef Ackermann, der auch wegen des Vertrauensverlustes gegenüber den Banken, der in der Mitte der Gesellschaft angekommen sei, im Herbst 2011 plötzlich die »kurzfristigen Zockergeschäfte« kritisierte. Seine Ankündigung: »Wir müssen nach meiner Überzeugung unsere gesamte Tätigkeit in allen Bereichen noch einmal gründlich daraufhin überprüfen, ob wir damit unseren genuinen Aufgaben als Diener der realen Wirtschaft gerecht werden.«[41] Die Einsicht eines derjenigen, der als Vorstandsvorsitzender den Kurswechsel zum aggressiven Investmentbanking vollzogen hat, kam viel zu spät.

Klar ist, dass mit der Rückkehr zum seriösen, dienenden Finanzdienstleistungssystem die Banken schrumpfen müssen. Im Mittelpunkt steht vor allem der Abbau der Risikopositionen bei Forderungen auf der Aktivseite der

---

[41] »Verunsicherung der bürgerlichen Mitte«, Rede von Josef Ackermann, in: *Handelsblatt*, 8. September 2011, http://www.handelsblatt.com/unternehmen/banken/verunsicherung-der-buergerlichen-mitte/4588000. html. In seiner Rede über »Markt und Moral: Zur Verantwortung globaler Unternehmen« hat Josef Ackermann auf der Versammlung Eines Ehrbaren Kaufmanns zu Hamburg in seinem Festvortrag diese Position bestärkt: »Wir dürfen kein Geschäft machen – so finanziell lukrativ es kurzfristig auch erscheinen mag – wenn dieses Geschäft mittel- bis langfristig unseren Ruf aufs Spiel setzt.« Siehe den kritischen Kommentar: Robert von Heusinger, »Zauberlehring«, in: *Frankfurter Rundschau*, 6. September 2011, http://www.fr-online.de/wirtschaft/kommentar-zu-josef-ackermann-zauberlehrling,1472780,10797412.html.

Bankbilanz. So würde das Verbot besonders aggressiver Zockergeschäfte im Eigenhandel die Bilanz der Bank verkürzen. Hier muss die Politik noch entscheidende Zeichen setzen. Erste Wirkungen sind erkennbar: Insgesamt hat seit Mitte 2011 bereits der große Ausverkauf eingesetzt, Ballast wird abgestoßen, um die Bilanzen zu stärken. In einer öffentlich nicht zugänglichen Studie schätzt die Wirtschaftsprüfgesellschaft Deloitte die Trennung vom nicht-strategischen Geschäft sowie notleidenden Vermögenswerten in Deutschland auf 522 Milliarden Euro.[42] Druck entsteht dabei auch durch das Ziel, die Eigenkapitalquote risikoadäquat zu erhöhen.

Nach Jahren des ausschweifenden Wachstums wird die Bankenbranche zurechtgestutzt, und die Jobs bleiben davon nicht unberührt. Die Banken drehen das Rad zurück und streichen Stellen massiv. Den durchgedrehten Investmentbankern am Finanzplatz Frankfurt schwant, dass sie nach dem Rauswurf nie wieder eine vergleichbare Position einnehmen werden, denn die Branche schrumpft dauerhaft. Das trockene Plätzchen bei der Konkurrenz gibt es nicht mehr. Der Kostendruck macht nicht Halt vor den künftig Beschäftigten. Mit Einkommenseinbußen ist gerade auch bei den bisher gut Bezahlten zu rechnen.

Dabei schrumpfen die Banken über Bilanzverkürzungen derzeit recht ziellos. Deshalb muss mit klaren Vorgaben zur Sicherung einer leistungsfähigen Bank, die im Falle der Krise keine Ansteckungsgefahren auslöst, vernünftig gesteuert werden. Banken, auf die sich die Risiken besonders konzentrieren, sind dabei, von ihrem früheren

---

[42] »Der große Ausverkauf beginnt«, in: Handelsblatt 8. Dezember 2011, S. 32 f.

Größenwahn Abschied zu nehmen. Dies ist jedoch nicht, wie vermutet werden könnte, ein Erfolg der Bankenkritiker in den Parteien, bei Attac oder der Occupy-Bewegung. Angetrieben wird der selbst vollzogene Aderlass durch den Vertrauensverlust der Investoren gegenüber den europäischen Großbanken.

Ein Indikator dieses Vertrauensverlustes sind die Preise für die Kreditausfallversicherungen: Seit der Verschärfung der Schuldenkrise im Euroland sind die Preise zur Versicherung der Ausfallrisiken einer Bank gestiegen. Ein hoher Preis für Credit Default Swaps zeigt, dass es teuer wird, sich gegen eine Bankenpleite abzusichern. Durchaus im Eigeninteresse sind die Krisen verursachenden Banken gut beraten, sich bei der Rückkehr zu dienenden Banken an die Spitze der Bewegung zu stellen. Darauf ist jedoch kein Verlass, denn wenn wieder hohe Profite locken, werden die Reformschwüre rasch verdrängt. Deshalb ist handlungsfähige Politik gefordert, die den Mut hat, sich mit der Bankenmacht anzulegen.

Regulatorische Rahmenbedingungen schaffen und sichern

Die tiefe Krise des Bankensystems verlangt auf der Basis einer Anatomie des Versagens eine regulierende Ordnungspolitik. Dazu ist politischer Mut gegenüber der Macht der Banken unverzichtbar. Denn jedes Geschäftsfeld, das zur Vermeidung künftiger Krisen geschlossen oder eingeschränkt wird, entzieht den betroffenen Banken einen zumindest kurzfristig lukrativen Extraprofit. Staatliche Interventionen sind ökonomisch wie politisch gerechtfertigt, denn die Folgen eines Zusammenbruchs der Systembanken bleiben auf diese nicht beschränkt, vielmehr werden über die Banken hinausgehende negative Effekte ausgelöst. Das Geldsystem stellt eine wichtige Infrastruktur dar, die öffentlich gesichert werden muss. Am Ende leiden auch die Banken, die mit der Verursachung der Finanzmarktkrise nichts zu tun haben. Die kreditabhängige Wirtschaft gerät durch die im Bankensystem erzeugte Kreditklemme in die Bredouille. Schließlich wird selbst von den marktradikalen Heißspornen doch wieder nach dem Staat gerufen. Rettungsmaßnahmen auf Rechnung der Steuerzahler werden unvermeidbar. Allein die Tatsache, dass 2010 die zusammengefasste Bilanzsumme der Deutschen Bank und Commerzbank knapp über dem Bruttoinlandsprodukt Deutschlands lag, macht das Risikopotential für die Gesamtwirtschaft sichtbar.

Um diese negativen Effekte zu verhindern, die sich zur Vertrauenskrise gegenüber dem gesamten Bankensystem verdichten können, bedarf es einer präventiven Ordnungspolitik der Ge- und Verbote. Einige Maßnahmen sind in Deutschland und auf europäischer Ebene als Reaktion auf die Finanzmarktkrise bereits ergriffen worden, doch es sind zu wenige und zudem noch viel zu schwach: Spekulative Finanztransaktionen wie ungedeckte Leerverkäufe mit bestimmten Staatsanleihen im Euro-Raum bei den zehn wichtigsten deutschen Finanzinstituten sowie mit Kreditausfallversicherung wurden phasenweise verboten, für Banken wurde ein neues Insolvenzrecht mit Eingriffsrechten auch in das operative Geschäft durch die Bundesbankaufsicht geschaffen, und schließlich wurde ein durch die Banken zu finanzierender Fonds für die Restrukturierungsmaßnahmen ab 2011 eingerichtet. Die Kritik an diesen völlig unzureichenden Maßnahmen wurde bereits dargestellt. Um die systemische Krisenerzeugung durch Spekulationsbanken zu verhindern, muss ernsthaft und entschieden gehandelt werden.

Auf europäischer Ebene wurde die Mindestsicherung für Bankeneinlagen zugunsten der Kunden einheitlich auf 100 000 Euro angehoben, Ratingagenturen wurden den europäischen Aufsichtsbehörden unterstellt. Schließlich wurden die Aufsichtsorgane der Finanzmärkte neu strukturiert: Die Finanzaufsicht in den Bereichen Bankenaufsicht (European Banking Authority, EBA), Versicherungsaufsicht (European Insurance and Occupational Pensions Authority, EIOPA) sowie Wertpapieraufsicht (European Securities and Markets Authority, ESMA) sollen der innereuropäischen Verflechtung gerecht werden. Die EBA führt in unregelmäßigen Abständen und bei Bedarf einen Banken-Stresstest durch, der zeigen soll, ob Banken beispielsweise in der Eurokrise durch die Abwertung von Staatsschuldentiteln über genügend Eigenkapital verfügen. Ebenso beschlossen wurde ein Europäischer Systemrisikorat (European Systemic Risk Board, ESRB), der Risiken des Finanzsystems frühzeitig erkennen und vor Krisen warnen soll. Zur Finanzaufsicht gehört auch die makroprudenzielle Überwachung, die sich auf die Beobachtung von Systemrisiken und hier vor allem auf Ansteckungsgefahren im System konzentriert. Dennoch fehlen in Europa dringend erforderliche, weitergehende Regulierungen und Kontrollen der Finanzmärkte. Die geplante Einführung einer Finanztransaktionssteuer sollte zügig realisiert werden.

Investmentbanking: Die Spekulationsmaschine Eigenhandel einstellen

Den Kern systemimmanenter Krisenanfälligkeit von Großbanken bildet das Investmentbanking. Im Mittelpunkt stehen zum einen reine Wetten auf Preis- und Kursänderungen, die nichts mit der Finanzierung der Risikoabsicherung von Unternehmen der Realwirtschaft zu tun haben. Daneben werden sie maßgeblich nicht im Auftrag der Kunden, sondern im profitgierigen Eigenhandel tätig. Die Haftung für diese Risiken trägt jedoch nicht das Investmentbanking allein, sondern das gesamte Geldinstitut. Sparer und Kreditnehmer, die mit diesen Spekulationsgeschäften ursächlich nichts zu tun haben, werden für die Verarbeitung der Verluste aus den Geschäften der Zockerabteilungen in die Verantwortung genommen.

Möglich macht dies die Universalbank, die durch das Prinzip Quersubventionierung gekennzeichnet ist. In Deutschland dominieren neben wenigen Spezialkreditinstituten wie den Bausparkassen Universalbanken, die alle Bankengeschäfte unter einem Dach vereinen. In den USA hingegen galt nach dem Glass-Steagall-Act von 1932/1933 das Trennbankensystem: Aus den Erfahrungen der Weltwirtschaftskrise wurden die normalen Bankgeschäfte gegenüber Spekulationsbanken institutionell abgekoppelt. Erst durch die oben beschriebenen Gesetze zur Befreiung von der Regulierung 1994 unter Bill Clinton und 2000 unter George W. Bush wurde in den USA das Trennbankensystem wieder aufgehoben. Die Folge war eine bedrohliche Expansion des Investmentbankings.

In Deutschland sind durch die Ausweitung des volkswirtschaftlich schädlichen, spekulativen Investmentbanking, vor allem bei der Deutschen Bank, der Commerzbank sowie einigen Landesbanken, die klassischen Funktionen im vorteilhaften Universalbankensystem verdrängt worden. Die dadurch entstandene Systemrelevanz der Großbanken lässt sich nur durch eine Zerschlagung dieser maßgeblich im Eigenhandel betriebenen Spekulationsgeschäfte abschaffen. Allerdings zählen zum Investmentbanking vom Risiko her völlig anders gelagerte Geschäftsbereiche.

Am Beispiel Deutsche Bank lässt sich die angekoppelte Kasinoabteilung eingrenzen. Hier wird das gesamte Investmentbanking unter dem Titel Corporate & Investment Bank zusammengefasst. Die entscheidende Untergliederung firmiert unter dem Namen Corporate Banking & Securities. Im Geschäftsbereich Corporate Finance wird die Beratung und Durchführung von Fusionen und Übernahmen von Unternehmen übernommen, Anleihe- und Aktienemissionen sowie extrem gut bezahlte Hilfen beim Gang von Unternehmen an die Börse und Kapitalmarkttransaktionen für große und mittelständische Unternehmen kommen hinzu. Diese Aktivitäten zählen nicht zu den bedrohlichen Spekulationen auf eigene Rechnung der Bank, denn diese Geschäfte sind mit Risiken verbunden. Für diese Finanzdienstleistungen muss die normalerweise für Banken geltende Risikovorsorge sowie interne und externe Kontrolle gesichert werden.

Die Spekulationsgeschäfte, die vor allem im Eigenhandel betrieben werden, sind im Bereich Markets zusammengefasst. Nach Aussage der Deutschen Bank gilt: »Der Geschäftsbereich Markets vereint die Verkaufs-, Handels- und Strukturierungsaktivitäten in einem breiten Spektrum von Finanzprodukten. Hierzu gehören Anleihen,

Aktien und aktienbezogene Produkte, börsennotierte und außerbörsliche Derivate, Devisen, Geldmarktinstrumente, verbriefte Forderungen sowie Rohstoffe.«[43] Hier tickt permanent eine Krisenbombe, die zum Absturz der Bank führen kann. Mitgerissen werden die Kunden, die damit eigentlich nichts zu tun haben. Am Ende müssen wegen der Systemrelevanz öffentlich finanzierte Rettungspakete zur Verfügung gestellt werden.

Das Ziel ist klar: Dieses Investmentbanking muss, wie auch die OECD fordert, zerschlagen werden. Niemals mehr darf es Geldhäuser mit Bankenlizenz und Zugang zu Notkrediten der Notenbank gestattet sein, sich in den Ruin zu spekulieren. Dabei muss als Reaktion auf die Regulierungen die Abwanderung in die obskuren Schattenbanken verhindert werden; diese gehören aufgelöst. Eine Kontroverse gibt es über die Frage, wie diese Sprengkraft am wirkungsvollsten entschärft werden kann. Bevor über die Frage nach der institutionellen Ansiedlung inner- oder außerhalb der Bank entschieden wird, sind drei Maßnahmen unverzichtbar:

– *Regulierungen und Verbote:* Durch Regulierungen müssen bisherige Finanzmarktprodukte entschärft, aber auch wie Leerverkäufe verboten werden. Werden beispielsweise an den Warenterminbörsen reine Spekulationsgeschäfte mit Rohstoffen und Grundnahrungsmitteln untersagt, verlieren die Großbanken ein für die Gesamtwirtschaft und Gesellschaft schädliches Geschäftsfeld. Das gilt auch für verbriefte Forderungen, welche 2007 die Subprime-Krise in den USA auslösten.

---

[43] Deutsche Bank, http://www.db.com/de/content/company/unternehmen.htm, 5. Januar 2011.

Regulierungen sorgen dafür, dass durch das Verbot von Zockergeschäften den betroffenen Banken eine Erlösquelle entzogen wird.

– *Kontrollierte Handelsplattformen:* Der völlig intransparente Handel mit Finanzmarktprodukten außerhalb der Börse (»over the counter«, OTC) muss zugunsten der Abwicklung über kontrollierte Handelsplattformen abgeschafft werden. Dadurch wird ein bisher wichtiger, jedoch hochgradig riskanter Geschäftsbereich den Banken entrissen.

– *Abschaffung des Eigenhandels:* Der Eigenhandel, also der Handel ohne Kundenauftrag, muss abgeschafft werden, denn dabei verliert die Geschäftsbank jeglichen Bezug zum haftenden Kunden. Als Eigenhandel werden Geschäfte mit Wertpapieren bezeichnet, deren Laufzeit weniger als 60 Tage beträgt. Produziert wird ein Eigenrisiko, das im Krisenfall die Kunden ohne Auftrag in die Haftung einbezieht und den Staat zu Rettungsaktionen veranlasst. Wie schwierig die Durchsetzung dieser dringend erforderlichen Regelung ist, zeigt der nach dem ehemaligen US-Notenbankchef Paul Volcker benannte Vorschlag zur massiven Einschränkung des Eigenhandels von Banken. Die Finanzmarktlobby läuft gegen diese Pläne Sturm. Auf fast 300 Seiten mit 381 Fußnoten werden Regeln zur Beschränkung des Eigenhandels vorgelegt, die nur noch wenige Ausnahmen vorsehen, sowie das Verbot der Banken ausgeführt, sich an Hedgefonds oder an privaten Beteiligungsgesellschaften zu beteiligen. Auch Verbrauchervertreter kritisieren die vielen, nicht mehr durchschaubaren Details. Die Institute müssen ein hausinternes Kontrollsystem errichten. Um diesen Krisenherd der Finanzmärkte künftig zu bändigen lohnt sich die Arbeit an einer operablen und wirksamen Lösung.

Die intensive Kontroverse über die Frage, wo künftig das Investmentbanking einer Großbank angesiedelt werden soll, verliert durch die Regulierung der Finanzmarktprodukte sowie das Verbot des außerbörslichen Handels und des Eigenhandels deutlich an Schärfe. Beispiel Deutsche Bank: Die bisherigen, unter Markets zusammengefassten Spekulationsgeschäfte, schrumpfen zur Bedeutungslosigkeit. Eine Ausgliederung in eine neue Institution ist nicht mehr lukrativ, denn die hochspekulativen Geschäfte im Investmentbanking werden eingedampft. Durch den allgemeinen Regulierungsrahmen, der für alle Finanzinstitute gilt, ist auch der Fluchtweg in die Schattenbanken versperrt.

Allerdings sollte das verbleibende Investmentbanking, zu dem auch Geschäfte im Bereich der für Unternehmen organisierten Fusionen und Übernahmen sowie der Gang zur Börse gehören, gegenüber den normalen Filialgeschäften streng getrennt werden. Dort entstehende Verluste dürfen nie wieder über die Erträge aus dem Normalgeschäft subventioniert werden. Die Sicherheit der Sparkonten muss durch Abschirmung gewährleistet werden. Eine unabhängige Kommission zur Reform des Bankensystems in Großbritannien unter der Leitung des Wirtschaftswissenschaftlers John Vickers hat ein »Ring-Fencing« vorgeschlagen, also eine Abschottung gegenüber dem Retail-Geschäft der Kreditinstitute. Alle hier unterbreiteten Maßnahmen dienen dem Ziel, den mit dem Investmentbanking geschaffenen Sprengsatz zu vernichten.

Risikopuffer Eigenkapitalvorsorge
allein reicht nicht

Banken dürfen mit ihren Kreditgeschäften und dem Kauf von Wertpapieren Risiken eingehen, ihre Kunden müssen jedoch vor Verlusten aus solchen Risikopositionen geschützt werden. Dazu gibt es zwei Möglichkeiten: Entweder die Banken verzichten auf allzu riskante Geschäfte, oder sie müssen für den Fall von Verlusten durch ausreichendes Eigenkapital Vorsorge treffen.

Jeder Bank stellt sich das Problem der Risikotransformation: Recht sichere Einlagen werden zur Finanzierung von unsicheren Krediten und höchst riskanten Geschäften auf den Finanzmärkten eingesetzt. Deshalb muss bei der Bank eine Absicherung gegen mögliche Kredit- und Kursverluste Vorsorge getroffen werden. Dazu dient das Eigenkapital, mit dem sich ein Mindestbetrag an Verlusten auffangen lässt. Es handelt sich also um den Eigenbeitrag, den die Bank für den Fall der Krise vorsorglich aufzubringen hat.

Da aber dem freiwilligen Engagement der Banken in der Konkurrenz um Geschäfte nicht zu trauen ist, gibt es international vereinbarte, gesetzlich einzuhaltende Regeln. Banken sind also im Unterschied zu den Unternehmen außerhalb des Finanzsektors auf der Basis internationaler Abstimmung gesetzlich verpflichtet, eine Mindestsumme an Eigenkapital in ihren jeweiligen Bilanzen vorzuhalten. Mit dieser Eigenkapitalausstattung sollen die Finanzinstitute in die Lage versetzt werden, Risiken aus ihren Geschäften wie der Kreditvergabe und dem Eigentum an Finanzmarktprodukten aus eigener Kraft zu bewältigen. Dieses Mindesteigenkapital wirkt wie ein Puffer gegen mögliche Verluste, beispielsweise bei Zahlungsunfähigkeit eines Kreditnehmers. Das Eigenkapital dient auch der Befähigung zur Übernahme von Verlusten durch Abschreibungen auf Wertpapiere. Durch diese gesetzlich erzwungene Eigenvorsorge der Banken gegen Finanzmarktkrisen sollen ansonsten erforderliche Rettungsprogramme des Staates zumindest deutlich vermindert werden.

Der Gesetzgeber schreibt keinen absoluten Mindestbetrag vor, vielmehr muss gegenüber den risikobehafteten Forderungen der Banken ein entsprechender Anteil an Eigenkapital vorgehalten werden. Dabei werden bei der Ermittlung des Eigenkapitalbedarfs unterschiedliche Risiken berücksichtigt, es handelt sich also um eine risikogewichtete Eigenkapitalquote. Dazu werden Forderungen durch die Bank nach unterschiedlichen Risikoklassen gewichtet und dann zusammengefasst. Hier kommen die profitwirtschaftlich getriebenen Ratingagenturen ins Spiel. So werden Forderungen gegenüber Nichtbanken bei bester Note durch die Ratingagenturen mit 20 Prozent und ohne Rating mit 100 Prozent zusammengefasst, dazwischen liegt eine Skala von unterschiedlichen Gewichtungen.

Übrigens unterlagen Staatsanleihen aus den Euro-Krisenländern, die als sicher galten, lange Zeit nicht der Absicherung mit Eigenkapital. Diese 100-Prozent-Bonität sollte sich in der Eurokrise als sträflich naiv erweisen, denn eine griechische Staatsanleihe im Portefeuille der Commerzbank als risikolos zu taxieren, war schlichter Unfug. Der Vorrang für Staatsschulden wurde deshalb 2011 geändert. Dies ist auch der Grund dafür, dass die Banken, die Krisenanleihen ihr Eigen nennen, über zu wenig Eigenkapital verfügt haben. Mit der künftigen Risikogewichtung steigt ihr Bedarf an Eigenkapital.

Die Fixierung der Mindestquoten für das Eigenkapital liegt nicht in der Hand der Nationalstaaten; sie sind seit dem ersten Baseler Abkommen 1988 international standardisiert. Zuständig ist der Baseler Ausschuss für Bankenaufsicht, der 1974 durch die G-10-Staaten gegründet wurde. Obwohl dessen Empfehlungen nicht rechtlich verbindlich sind, werden die Regeln meistens in nationales Recht umgesetzt. Nach dem heute geltenden Basel-II-Statut liegt die minimale Eigenkapitalquote bei 8 Prozent. Im Mittelpunkt stehen das harte und weiche Kernkapital mit jeweils 2 Prozent: Zum harten Kernkapital zählen das eingezahlte Grundkapital, die Gewinnrücklagen und weitere Rücklagen bei einer Bank, beim weichen Kernkapital, auch hybrides Kapital genannt, handelt es sich um eigenkapitalähnliches Fremdkapital wie Genussscheine und Wandelanleihen. Zu den 4 Prozent für das Kernkapital kommen noch 4 Prozent für das weniger harte Ergänzungskapital hinzu. Die Eigenkapitalvorgabe beeinflusst die Kreditvergabe. Eine hohe Quote bremst die Kreditvergabe. Werden 100 Euro als Kredit vergeben, muss die Bank 8 Euro in das Eigenkapital stecken. Anders formuliert, lassen 100 Euro Eigenkapital Kredite im Umfang von 1250 Euro zu.

Die in der Finanzmarktkrise deutlich gewordene Unterschätzung der Bankenrisiken durch die bisherigen Vorgaben hat zum Basel-III-Abkommen geführt. Zum Schutz der Bankenkunden aber auch des Rettungsstaats wurde die verpflichtende Eigenkapitalvorsorge deutlich verschärft. Die neuen Regeln werden ab 2013 nach und nach in Kraft treten, in mehreren Stufen sind diese dann ab 2019 voll wirksam. Die Basel-III-Regelungen verlangen eine Anhebung der Quote für das harte und weiche Kernkapital auf 6 Prozent, hinzukommen 2 Prozent für das Ergänzungskapital. Neben einem auf den Konjunkturzyklus bezogenen Kapitalpuffer, der den gesamtwirtschaftlichen Auf- und Abschwung berücksichtigt, ist außerdem ein Kapitalerhöhungspuffer von 2,5 Prozent zu bilden. Die Banken sollen in guten Zeiten einen Sockel aufbauen, um diesen in Zeiten hoher Wertverluste durch Finanzmarktkrisen nutzen zu können.

Falls nach der Anhebung die Eigenkapitalquote nicht erreicht werden kann, bieten sich der Bank heute bereits zwei Möglichkeiten, die sich kombinieren lassen: Die risikobehaftete Kreditvergabe wird gesenkt und damit die Bilanz verkürzt, oder die Bank kann sich Eigenkapital über Aktienemissionen auf den Kapitalmärkten besorgen und die einbehaltenen Gewinne steigern. Insgesamt kommt es zu unvermeidbaren Belastungen der Banken. Die neuen Eigenkapitalregeln werden dafür sorgen, dass bisherige Risikopositionen abgebaut werden und künftig das Geschäftsvolumen der Banken schrumpfen wird.

Die Frage nach der angemessenen Mindestquote von Eigenkapital gegenüber den nach Risiken gewichteten Forderungen aus Krediten sowie der Wertpapiere lässt sich wissenschaftlich nicht eindeutig beantworten. Derzeit liegt die Quote bei starken Abweichungen zwischen den deutschen Banken im Durchschnitt bei 7,5 Prozent. Allerdings hat die jüngste Finanzmarktkrise bewiesen, dass die bisherigen Mindestanforderungen an das Eigenkapital nicht ausreichen. Das zeigte sich auch im Vertrauensverlust der Banken bei den Investoren: Um sich gegen eine Pleite abzusichern, mussten Mitte Dezember 2011 extrem hohe Preise für Kreditausfallversicherungen bezahlt werden.

Um die Krisenfestigkeit von Banken zu erfassen, werden immer wieder Stresstests durchgeführt. Angewendet wird die Szenariotechnik mit der Frage: Was passiert, wenn ...? So wurde im Juli 2011 gefragt: Wie viel Eigenkapital kosten Verluste, wenn es zu einem wirtschaftlichen Einbruch in der Europäischen Union kommt, die Aktien um 15 Prozent an Wert verlieren und die Banken höhere Zinsen für die Besorgung frischen Kapitals bezahlen müssen? Nach diesem Szenario reicht das Eigenkapital der meisten Groß- und Landesbanken nicht aus, Verluste abzudecken. Wird das nicht geändert, droht die Gefahr eines Bankenzusammenbruchs. Von den untersuchten zwölf deutschen Banken unterschritt nur die Landesbank Hessen-Thüringen (Helaba) die vorgegebene Mindestquote für das Eigenkapital von 5,5 Prozent, während einige Institute die Marke gerade noch schafften.

Bei diesem Stresstest fand allerdings der Wertverlust der Staatsanleihen in den Euro-Krisenländern mit bis 50 und sogar bis 60 Prozent keine Berücksichtigung, auch wurden die Folgen eines Zusammenbruchs des Eurolandes nicht abgefragt. Deshalb legte die Europäische Börsenaufsicht (EBA) Mitte Dezember einen zweiten Stresstest der europäischen Banken vor, an dem diesmal dreizehn deutsche Banken beteiligt waren. Das ambitionierte Ziel einer Eigenkapitalquote von 9 Prozent führte in der Bankenwelt zu vielen Protesten. Dabei wurden auch in diesem Stresstest die Folgen eines Euroabsturzes für die Bankbilanzen nicht untersucht. Dennoch wiesen die europäischen Banken zum Stichtag 30. September 2011 einen Fehlbetrag beim harten Eigenkapital (Core-Tier-1-Kapital) von 114,7 Milliarden Euro aus. Zu den sechs Banken in Deutschland, die schlechte Noten erhielten, zählen: die Commerzbank mit 5,3 Milliarden Euro, die Deutsche Bank mit 3,2 Milliarden Euro, die genossenschaftliche DZ-Bank mit 353 Millionen Euro, die Helaba mit 1,5 Milliarden Euro, die WestLB mit 224 Millionen Euro und die NordLB mit 2,5 Milliarden Euro. Der gesamte Nachschussbetrag für die deutschen Institute beläuft sich auf 13,1 Milliarden Euro.[44]

Die Aussagekraft, vor allem die angemessene Höhe der Mindestkapitalquote für Banken ist Streitobjekt nicht nur der Lobbyverbände aus der Bankenwirtschaft, auch in der Wirtschaftswissenschaft gibt es kritische Fragen an das Konzept. Das vorgesehene Reglement fällt recht mechanistisch aus, den spezifischen Bedingungen unterschiedlicher Banken wird keine Rechnung getragen. Am Ende werden die Sparkassen und Volksbanken, die im Prinzip immer schon eine ausreichende Risikovorsorge vorgenommen haben, durch die Basel-III-Auflagen bestraft. Generell wird das Optimum zwischen Risikoabsicherung einerseits und einer atmenden Bank andererseits nicht annähernd erreicht.

Da diese risikogewichtete Eigenkapitalquote nicht das Risiko aus der Gesamtgröße einer Bank wiedergibt, wird eine weitere Quote betont: Im Mittelpunkt stehen alle Aktivitäten einer Bank, die in der Bilanzsumme zusammengefasst werden. Das harte Eigenkapital, das bei Verlusten zur Verfügung steht, wird zur gesamten Bilanzsumme, die die Größe einer Bank widerspiegelt, ins Verhältnis gesetzt.[45] Diese Leverage-Rate stellt auf das Verhältnis zwischen Realwirtschaft und Finanzwirtschaft ab. Einer exzessiven Bilanzerweiterung – unabhängig vom Risiko aus der Kreditvergabe und den Anlagen in Sach- sowie

---

[44] http://www.bundesbank.de/download/presse/publikationen/eba_bankenumfrage/20110812.eba_bankenumfrage_template.pdf.

[45] Sascha Binder und Dorothea Schäfer, »Banken werden immer größer«, in: *DIW-Wochenbericht* 32/2011.

Finanzvermögen – wird durch das regulierte Eigenkapital ein Riegel vorgeschoben. Nach den mit Basel III fixierten, neuen Regeln müssen die Banken ab 2013 bis 2019 eine Leverage-Ratio von mindestens 3 Prozent erreichen. Dadurch wird die Bilanzsumme etwa auf das Dreiunddreißigfache des gesamten Kernkapitals begrenzt. Liegt das Eigenkapital unter 3 Prozent der Bilanzsumme, muss die Bank mit ihrem gesamten Geschäftsvolumen schrumpfen.

Zusammen mit der risikogewichteten Eigenkapitalquote wird die Bilanzsummenbegrenzung im Verhältnis zum Eigenkapital zu einer Reduktion vor allem der risikoreichen Bankgeschäfte führen. Die Bilanzsumme schmilzt. Auch dies trägt dazu bei, den Grundsatz »nie wieder ›too big to fail‹« durchzusetzen. Es sind diese richtigen Regulierungsvorgaben, mit denen regierungsoffiziell die Spekulationsbanken zerschlagen werden. Wer heute die Zerschlagung der Größe sowie der wahnwitzigen Spekulationsgeschäfte der Banken fordert, hat das Gesetz schon jetzt auf seiner Seite.

Einlagensicherung: Auffangnetz für Erspartes

Bankkunden haben die regulatorischen Maßnahmen weniger im Blick, die dafür sorgen, dass ihre Kreditinstitute krisenfester werden. Ihnen drängt sich die verständliche Frage auf, ob ihre Einlagen im Fall einer Pleite einigermaßen sicher sind. Die erlösende Antwort, dass ihre gesamten Einlagen nicht untergehen, darf den Banken nicht allein überlassen werden. Erforderlich sind gesetzlich verbindliche und kontrollierte Normen. Dabei dürfen die innereuropäischen Vorgaben für die Mindestsicherung der

Einlagen im Krisenfall nicht unterschritten werden. Zu den positiven Eigenschaften des deutschen Bankensystems zählt die Tatsache, dass Sparkassen, Volks- und Raiffeisenbanken ein erheblich höheres Maß an Sicherungen zur Verfügung stellen.

Ende September 2008, auf dem Höhepunkt der weltweiten Finanzmarktkrise, drohte auch in Deutschland ein panikartiger Sturm auf die Sparguthaben bei den Banken, Bankfeiertage wurden befürchtet. Durch das Aus einer großen Zahl von Finanzinstituten, vor allem in den USA, sich abzeichnender Insolvenzen von Banken in Deutschland sowie dem Zusammenbruch der kurzfristigen Geldausleihe zwischen den Banken, schien das Vertrauen in die Geldwirtschaft verloren gegangen zu sein. Da erklärten am Sonntag, dem 5. Oktober 2008, Bundeskanzlerin Angela Merkel und Bundesfinanzminister Peer Steinbrück in Berlin, die Bundesregierung garantiere in vollem Umfang alle Einlagen. Dieser Schutz wurde für alle Überschüsse auf den Girokonten (Sichteinlagen), Terminanlagen sowie alle Arten des Sparens privater Kunden ausgesprochen.

Spontan brach eine Debatte über die Höhe der garantierten Summe aus. Allein die Bestände an Termingeldern, Spareinlagen und Sparbriefen beliefen sich Ende 2008 auf knapp 950 Milliarden Euro. Zusammen mit den Sichteinlagen wurden über 1,5 Billionen Euro geschätzt. In dieser Höhe hätte die Bundesregierung diese Garantie nie einlösen können. Doch der Umfang der Belastungen war nicht entscheidend: Es zählte allein die Glaubwürdigkeit dieser Garantie, die Menschen nahmen sie für bare Münze. Zusammen mit anderen vertrauensbildenden Maßnahmen blieb Deutschland der bedrohliche Run auf die Bankeneinlagen erspart. Bankfeiertage, aus der Zeit der

Weltwirtschaftskrise Anfang der 1930er Jahre bekannt, mussten nicht angeordnet werden. Im Gegenteil: Bankkunden hoben Einlagen von spekulationsverdächtigen Banken ab und standen bei Volksbanken und Sparkassen Schlange.

Im Klima der Ängste und des Misstrauens rückte die Frage nach der Sicherung von Sparern und anderen Anlegern ins Zentrum. Abgesehen von dieser extremen Notlage verfügen die deutschen Banken schon lange über ein recht erfolgreiches System des Mindestschutzes von Kundeneinlagen im Falle einer Insolvenz. Bei diesem System ist zwischen der durch die Europäische Union veranlassten gesetzlichen Regelung sowie den darüber hinausgehenden Rettungsfonds der privaten Banken, der Sparkassen zusammen mit den Landesbanken sowie der Volksbanken und Raiffeisenbanken zu unterscheiden.

Die Geschichte der Durchsetzung einer Mindestsicherung für Einleger durch die Privatbanken in Deutschland ist ordnungspolitisch interessant: Erst 1976 wurde der vom Bundesverband der deutschen Banken für die Privatinstitute verantwortete und organisierte Einlagensicherungsfonds geschaffen. Vorausgegangen war 1974 die überraschende Pleite des Bankhauses Iwan Herstatt in Köln: Der selbstherrliche Devisenhändler Dany Dattel hatte 480 Millionen D-Mark im wahrsten Sinne des Wortes »verdattelt«; die nicht zu den Einkommensschwachen zählenden Kunden, die in der Schalterhalle der Zentrale in Köln »Halunken, Gauner, Betrüger« brüllten, verloren ihre Einlagen komplett. Mit der Drohung, ein Gesetz zu erlassen, zwang der damalige Bundeskanzler Helmut Schmidt die privaten Banken Deutschlands, per Verbandslösung einen Einlagensicherungsfonds einzurichten. Auch in der Phase schwerer Belastungen durch die jüngste Finanzmarktkrise hat sich dieser Feuerwehrfonds als einigermaßen krisenfest bewährt.

Die Sicherung von Kundeneinlagen durch die Banken baut auf zwei Säulen auf: Die Basis bildet eine EU-Richtlinie, die verbindlich Mindestbeträge vorschreibt, die in nationales Recht umgesetzt werden müssen. Hinzukommen die in Deutschland geltenden, besser ausgestatteten Sicherungssysteme. Erstmals wurde 1994 eine gesetzliche Mindestgarantie im Rahmen einer Richtlinie für alle Banken durch die EU festgeschrieben: 20 000 Euro abzüglich einer Verlustbeteiligung von 10 Prozent auf die Überschüsse beim Girokonto sowie die Termin- und Spareinlagen. Die Umsetzung in Deutschland erfolgte mit dem Einlagensicherungs- und Anlegerentschädigungsgesetz. Wegen der Folgen durch die jüngste Finanzmarktkrise wurde die Mindestsicherung im Juli 2009 auf 50 000 Euro erhöht und die Verlustbeteiligung abgeschafft. Seit dem Januar 2011 gilt in allen Mitgliedsländern: Die Sicherung beträgt 100 000 Euro für Bankeinlagen und 50 000 Euro für Wertpapiereinlagen. Realisiert werden soll auch eine unbürokratische Abwicklung im Schadensfall. Geplant war außerdem die Einrichtung jeweiliger nationaler Sicherungsfonds, in den die Banken 1,5 Prozent der sichernden Einlagen einzahlen sollten. Doch dagegen wehrten sich die Verbände der Banken in Deutschland zu Recht, denn gegenüber der EU-Mindestsicherung würden über die viel besser ausgestatteten Feuerwehrfonds unzumutbare Mehrbelastungen erzeugt.

Die heute gültige Einlagensicherung fällt bezogen auf die drei Säulen des deutschen Bankensystems unterschiedlich aus:

- *Privatbanken*: Die über 180 Mitgliedsbanken des Bundesverbandes der deutschen Banken (BdB) garantieren durch ihren Einlagensicherungsfonds 30 Prozent des haftenden Eigenkapitals auf das Guthaben sowie die anfallenden Zinsen pro Kunde. So leistet eine kleine Bank mit einem haftenden Mindesteigenkapital von 5 Millionen Euro insgesamt 1,5 Millionen pro Anleger. Der Notfonds wird durch Beiträge der Mitgliedsinstitute finanziert.
- *Sparkassen und Landesbanken*: Die Sparkassen bilden zusammen mit den Landesbanken einen mehrstufigen Haftungsverbund. Innerhalb dieses Systems werden 100 Prozent der Einlagen gesichert. Dazu stehen zwölf regionale Stützungsfonds zur Verfügung. Wenn der einzelne Stützungsfonds nicht ausreicht, kann auf einen übergeordneten Sicherungsfonds zurückgegriffen werden. Allerdings ist die Gewährsträgerhaftung durch die kommunalen Eigentümer im Zuge der EU-Liberalisierung entfallen.
- *Volks- und Raiffeisenbanken*: Der Sicherungsverbund des Bundesverbands der deutschen Volks- und Raiffeisenbanken (BVR) garantiert mit seiner Institutshaftung die Einlagen zu 100 Prozent. Übrigens haben die genossenschaftlichen Banken schon 1937 einen Stützungsfonds geschaffen.

Mit der Einlagensicherung wird das Vertrauen in das deutsche Bankensystem gestärkt. Einleger können damit rechnen, dass wenigstens ein Garantiebetrag ausgezahlt wird. Damit soll vor allem ein gefährlicher Run auf die Bankkonten in Krisenzeiten verhindert werden. Sollte es aber zum umfassenden Banken-Crash kommen, reißen am Ende alle Netze, auch eine Garantie der Bundesregierung wäre unbezahlbar. Deshalb müssen die Banken auch durch einen klaren ordnungspolitischen Rahmen auf die Risikovermeidung im operativen Geschäft ausgerichtet werden.

Konturen eines nachhaltigen Bankensystems

Die Wut auf das Bankensystem ist groß. Da gibt es kaum noch Platz für Differenzierung zwischen einzelnen Bankentypen in Deutschland. Eine Weg-mit-Mentalität, die sich bei Studentenbewegungen Ende der 1960er Jahre auf den gesamten Kapitalismus bezog, hat sich breitgemacht.

Radikale Vorschläge sind auf dem Markt. Auf die Forderung nach der Abschaffung der modernen Geldwirtschaft ist bereits eingegangen worden. Zur Erinnerung: Bei einem rudimentären Geldsystem, das nur noch den Umlauf des Geldes und dessen Zahlungsmittelfunktion zulässt, würden Banken überflüssig. Auch eine Notenbank, die Bank der Banken, die die Geldmenge steuert, würde nicht mehr gebraucht. Schließlich fielen selbst die genuinen Bankgeschäfte wie Annahme von Spareinlagen und Vergabe von Krediten weg. Dieser radikale Reduktionismus würde zugunsten der Idylle tauschwirtschaftlicher Beziehungen arbeitsteiligen und grenzübergreifenden Wirtschaftens monetär austrocknen. Der gesellschaftliche Preis, der für das Umlaufgeld ohne Zins bezahlt werden muss, wäre viel zu hoch. Die tiefgreifende, internationalisierte Arbeitsteilung, die auch Vorteile mit sich bringt, würde auf eine wenige interdependente Ökonomie reduziert.

Zu dieser rudimentären Ökonomie gibt es eine Alternative. Sie lautet: Das heute krisenverursachende und sich selbst gefährdende Bankensystem muss auf seine genuinen Funktionen zugunsten nachhaltigen Wirtschaftens zurückschrumpfen. Dazu dient die Zivilisierung der Finanzmärkte. Spekulationsabteilungen, die Eigenhandel und außerbörsliche Kanäle nutzen, haben in diesem System nichts mehr zu suchen. Die Notwendigkeit und die Machbarkeit einer Zerschlagung des Zockerbankings wurde bereits geschildert. Die Zerschlagung öffnet den Zugang zu einem dienenden und dezentralen Bankensystem zur Stärkung nachhaltigen Wirtschaftens.

Gefordert wird die Verstaatlichung, bei der alle Banken in staatliches Eigentum überführt werden. Ob dadurch Vorteile entstehen, hängt davon ab, inwieweit der bloße Wechsel des Eigentums die bisherigen Risikogeschäfte und das Missmanagement der weitläufigen Großbanken verhindert. Sicher ist eine einzige Stimme eines Gesamteigners Staat von Vorteil, aber Fehlentscheidungen sind dadurch grundsätzlich nicht ausgeschlossen. Neue Probleme treten auf. Geregelt werden muss die Nutzung der Eigentumsfunktion: Wer soll in den Kontrollgremien entscheiden? In den bisherigen Banken mit Staatsbeteiligung ist der Frust über Aufsichtsräte aus dem Politikbetrieb, die unter Zeitdruck und manchmal ohne allzu große Vorkenntnisse gute Entscheidungen treffen sollen, zu Recht groß. Auch stellen sich Fragen nach den Aufgaben und der Kompetenz des Managements. Heute wird oft die Reform der Banken auf die Forderung nach Verstaatlichung reduziert. Entscheidend sind jedoch die demokratischen Strukturen in den Unternehmen: Ein zukunftsfähiges Bankensystem auf der Basis einer starken demokratischen Mitbestimmung ist auch ohne Komplettverstaatlichung zu haben. Es wird jedoch immer spezifische Bankenaufgaben geben, die staatlich gesichert werden sollten wie die Kreditanstalt für Wiederaufbau sowie die Auf- und Förderbanken der Bundesländer mit ihren speziellen Aufgaben. Eine komplette Verstaatlichung ist, zumindest zeitweise, dringend erforderlich, wenn systemrelevante Banken mit staatlichen Hilfen gerettet werden müssen. Auch müssen systemrelevante Banken wie beim amerikanischen Rettungsprogramm TARP gezwungen werden, Finanzhilfen anzunehmen. Die im bisherigen deutschen Rettungsprogramm SoFFin eingeräumte Freiwilligkeit hat sich als Fehler erwiesen, denn die Banken konnten trotz von ihnen ausgehender Ansteckungsgefahr selbst entscheiden, ob sie Hilfen annehmen oder nicht. Das Gesetz zur Bankenrestrukturierung ermöglicht künftig einen Eingriff in Geschäftspraktiken der Banken. Nach dem vom Bundeskabinett im Dezember 2011 vorgelegten Gesetzentwurf zum zweiten Finanzmarktstabilisierungsgesetz kann die Bundesaufsicht für Finanzdienstleistungen Pläne zur verfügten Erhöhung des Eigenkapitals einer Bank verlangen.

In der Sanierungsphase dürfen anfallende Erträge nicht an Aktionäre ausgeschüttet werden. Die Tantiemen für Bankvorstände werden auf einen Maximalbetrag beschränkt; bei der Commerzbank beispielsweise wurde das Managergehalt auf 500 000 Euro fixiert. Nach der gelungenen Gesundung der Bank sollte ein angemessener Ertragsanteil an den Staat ausgeschüttet werden. Der vorangegangenen Sozialisierung der Verluste folgt die Vergesellschaftung der Gewinne.

Die komplette Verstaatlichung des Bankensystems erübrigt sich nur unter einer entscheidenden Voraussetzung: Der Geschäftsspielraum muss durch kontrollierte

Eindämmung der Risiken eingeschränkt werden. Unter strengen Spielregeln lassen sich im entmachteten Bankensystem durchaus wettbewerbliche Vorteile und privatwirtschaftliche Anreizstrukturen nutzen. Wahnsinnige Spekulationsgeschäfte, die am Ende zur Systemgefährdung führen, haben in diesem Ordnungsrahmen keinen Platz mehr, bereits latente Expansionsgelüste müssen künftig verhindert werden. Die Bankentürme, Symbole der unverantwortlichen Renditegier in Frankfurt City, werden nicht mehr gebraucht. Am besten wäre es, die säkularisierten Kathedralen des Finanzmarktkapitalismus würden zurückgebaut.

Regulierungen der Banken und die Zivilisierung der Finanzmärkte reichen zur Verhinderung künftiger Fehlentscheidungen nicht aus. Wie die gesamte Wirtschaft müssen die Bankeninstitute durchgängig demokratisiert werden. Bisher war von Unternehmensdemokratie nur wenig zu spüren. Dazu gehört einerseits der Ausbau der Mitbestimmung durch die Teilhabe von Beschäftigten mit ihren Gewerkschaften, anderseits sollte ein übergreifender Rat für die Bankenbranche unter Beteiligung von Mitarbeitern, Gewerkschaften, Bankenverbänden, Politik und Bürgerbewegungen eingerichtet werden. In allen für die Geldwirtschaft relevanten Institutionen sollte in Beiräten diese Mitbestimmung verankert werden, das gilt für die Bankenaufsicht ebenso wie für die Deutsche Bundesbank mit ihren Dependancen.

Zwar waren nach den geltenden Regeln schon bisher Beschäftigte auf der Basis demokratischer Wahlen an den Aufsichtsräten und anderen Kontrollgremien beteiligt, doch ist deren strukturelle Unterlegenheit unübersehbar: Selbst bei bestem Willen reduzierten sich in den

Aufsichtsratssitzungen die Beiträge auf Nachfragen und am Ende oftmals auf eine flaue Zustimmung zu den Vorstandsbeschlüssen. Diese Erfahrungen mit der beschränkten Vertretung in Aufsichtsräten sprechen nicht gegen die Mitbestimmung sondern für deren Ausbau. Die Frage sei erlaubt: Hätten sich viele Fehlentscheidungen vermeiden lassen, hätte die Deutsche Bank den Aufsichtsrat nach dem Modell der Montanmitbestimmung und damit zugunsten deutlicher Entscheidungsrechte der Arbeitnehmervertreter besetzen müssen?

Die Bankenkrise lehrt auch, dass eine grundlegende Reform der Aufsichtsratsarbeit erforderlich ist. Heute dominieren auf der Seite der Anteilseigner immer noch Seilschaften, die anstatt einer klaren Kompetenz Corpsgeist pflegen und Zustimmungsatmosphäre schaffen. Auch reicht die reformierte Unternehmensverfassung (Corporate Governance) nicht aus. Die Kontrolle der Vorstandsarbeit muss institutionell gestärkt werden. Bei der Auswahl der Kontrolleure sind Kompetenz, Haftung und vor allem Verantwortung, für die die Beschäftigten stehen, die entscheidenden Qualitätskriterien.

Der Wahn zu Größe und Internationalisierung hat bei vielen Großbanken zum Abschied aus den Regionen geführt, Großbanken haben sich längst aus der Fläche zurückgezogen und auf wenige Städte konzentriert. Aber auch innerhalb der Banken wurde eine Klassengesellschaft geschaffen. So verbannte die Deutsche Bank über viele Jahre das Retail-Geschäft mit dem Normalkunden in die Bank 24. Die kleinen und mittleren Unternehmen waren fast auf dem Bildschirm der Profitmaximierung verschwunden. Der Rückzug aus der Region wurde viel zu spät als Fehler erkannt. Die Suche der Großbanken nach Geschäften mit der regionalen Wirtschaft infolge der Pleite im internationalen Spielkasino wirkt fast schon peinlich. Die erfolgreiche Basis eines zukunftsfähigen Bankensystems ist dessen Dezentralität und regionale Verankerung ihrer Dienstleistungen vor Ort. Über Netzwerke der regionalen und kommunalen Anbieter von Finanzdienstleistungen lassen sich auch ohne die bisherige Bündelung in Finanzkonzernen für international agierende Unternehmen die übergreifenden Finanzgeschäfte sicherstellen.[46]

Der Glaube, Internationalisierung sei ohne Großbanken am Finanzplatz Frankfurt oder London nicht machbar, ist ein großer Irrtum. Während heute die Großbanken im internationalen Geschäft an Macht verlieren und sich neu orientieren müssen, gehören die Kunden vor Ort zu den Gewinnern der Regionalisierung und Kommunalisierung. In Deutschland muss dafür nicht lange nach Beweismaterial gesucht werden. Die meistens kommunal verantworteten Sparkassen zusammen mit einigen auch gut funktionierenden Landesbanken sowie die Raiffeisen- und Volksbanken haben in ihren Regionen und Kommunen den Erfolg eines dezentralen sicheren Bankmodells belegt. Das gilt allerdings nur für wenige Landesbanken. Sie haben sich nicht auf die internationalen Finanzmärkte mit hoch spekulativen Geschäften konzentriert, sondern sind in der Region verantwortungsvoll tätig geblieben. Landesbanken haben nur noch eine Chance, wenn sie als Regionalbanken tätig werden.

---

[46] Joachim Zmmermann, »Resiliente Geschäftsmodelle für die Kreditwirtschaft – Ein Weg jenseits von Basel III und mehr Regulierung«, in: *ifo-Schnelldienst* 22/2001, S. 13.

7
Deutschland
deine Banken

Kasinos schließen – bewährte Säulen stärken

Die Rolle des deutschen Bankensystems wird nach den Erfahrungen mit der jüngsten Finanzmarktkrise seit 2007 überschwänglich gelobt: Während in den USA massiv Banken Pleite gingen, erwiesen sich die Kreditinstitute in Deutschland als recht robust. Im Ausland gab es großes Staunen und Anerkennung. Wenige Wochen nach der Sorge vor einem drohenden Bankenkollaps in Deutschland blieb es dem ehemaligen Bundesbankpräsidenten Axel Weber vorbehalten, in seiner Rede zum Auftakt der Euro Finance Week im November 2009 auf die strukturelle Überlegenheit des deutschen Bankensystems hinzuweisen. Grund hierfür seien die Universalbanken innerhalb eines Drei-Säulen-Modells: Privatbanken, Sparkassen und Genossenschaftsbanken ergänzt durch Spezialbanken. Axel Weber:»Vor allem die auf das regionale Kreditgeschäft fokussierten Aktivitäten der Sparkassen und Genossenschaftsbanken haben diese vor den Auswirkungen der Finanzkrise geschützt.«[47]

Die flächendeckende, regionale Versorgung konzentriert sich auf die Banken der zwei Säulen: die öffentlich-rechtliche und die genossenschaftliche Säule. Speku-

---

[47] Dow-Jones – Aktuelle Nachrichten am 16. November 2009, 9:56 Uhr, http://www.dowjones.de/site/2009/11/bundesbankweber.

lationsgeschäfte des Investmentbankings stehen auf der Agenda der Großbanken. Auch einige Landesbanken, die zugunsten der Teilnahme am internationalen Spekulationskapitalismus ihre regionalen Aufgaben vernachlässigten, zählen dazu, denn manche haben sich als Großbanken geriert und sich nicht auf die Zentral- und Verbundsaufgaben der Sparkassen und die Region konzentriert.

Bei der heute nahezu einmütigen Anerkennung der Belastbarkeit des Bankensystems gegenüber der Finanzmarktkrise wird gerne die dazu im Widerspruch stehende Vorgeschichte verdrängt: Als die Entfesselung der Finanzmärkte in Deutschland auf der Tagesordnung stand, wurde die Zerschlagung der profitwirtschaftlich viel zu zahmen Kreditinstitute mit öffentlich-rechtlicher Garantie gefordert. Die meistens auf kommunalem Eigentum beruhenden Sparkassen sollten privatisiert und zur Übernahme auch durch private Großbanken vorbereitet werden. Irrationaler Druck kam zudem von den Kommunen, die die Chance witterten, zusätzliche Einnahmen aus dem Verkauf der Beteiligung zu erzielen. Belastungen für die Wirtschaft sowie die Bevölkerung fanden im kurzfristigen Kosten-Nutzen-Kalkül keine Berücksichtigung. Etliche Versuche der Privatisierung scheiterten jedoch am Widerstand vor Ort.

Doch auch die durch Sparkassen und Bundesländer gehaltenen Landesbanken, unter denen viele ihr Geschäftsmodell den Aktionärsbanken mit Aktivitäten auf dem hochriskanten internationalen Parkett anzugleichen versucht hatten, sollten zerschlagen werden. Der damalige Präsident des Bundesverbands der deutschen Banken und Aufsichtsratsvorsitzender der Deutschen Bank Rolf-Ernst Breuer erklärte im Oktober 2002: »Das Drei-Säulen-Modell hat keine Zukunft.« Die eigentliche Botschaft lautete: Schafft die Landesbanken als leidige Konkurrenz ab und übereignet die Institute profitwirtschaftlichen Großbanken. Auch seitens der EU und des Internationalen Währungsfonds hagelte es in der Phase des Privatisierungsrausches massive Kritik an den Landesbanken wegen ihrer besonderen öffentlichen Garantien im Krisenfall. Die Banken, die ins Kreuzfeuer der neoliberalen Kritik geraten waren, haben die Privatisierungsvorschläge inzwischen mehr oder weniger überstanden.

Die Vorteile der beiden Bankensäulen neben den privaten Großbanken werden durch regionalökonomische Untersuchungen bestätigt: In der Region sichern die Sparkassen und Genossenschaftsbanken eine für die Wirtschaft und Bevölkerung wichtige Infrastruktur. Bei Finanzierungs- und Anlagewünschen kann auf den Kunden konkret eingegangen werden. Ohne den Druck, von den Kapitalmärkten vorgegebene, völlig überzogene Profitziele erreichen zu müssen, gibt es genügend Platz für das Angebot seriöser und damit dienender Finanzdienstleistungen vor Ort. Wäre man dem Deregulierungswahn gefolgt und die Privatisierung dieser Banken durchgesetzt worden, wären dauerhaft tiefe Löcher auch zu Lasten der Kredite nehmenden Wirtschaft in das Infrastrukturnetz, das die Banken bieten, gerissen worden. Die Finanzmarktkrise hätte sich in Deutschland bis in den letzten Winkel der Republik ausgetobt.

Die marktfundamentalistischen Protagonisten entfesselter Finanzmärkte zählen heute zu den großen Verlierern, denn die Geschäfte der privatwirtschaftlichen Großbanken im System des internationalen Zockerkapitalismus haben die Funktionsfähigkeit des Bankensystems belastet. Politisches Krisenmanagement wurde erforderlich, für die privatwirtschaftlichen Verluste und drohenden Folgen eines Zusammenbruchs wurden die Steuerzahler in Haft genommen. Teil- und Vollverstaatlichung wurden unvermeidbar, und Banken mussten aus dem Rettungsfonds SoFFin Finanzhilfen abrufen. Die massiven Belastungen veranlassen mittlerweile die betroffenen Banken, Geschäfte von potentiellen Sprengsätzen zu befreien und neu zu sortieren. Heute schreiben die Banken deutlich niedrigere Renditeziele in ihre mittelfristige Wirtschaftsplanung. So sah sich die Deutsche Bank gezwungen, ihre Gewinnrendite von 25 Prozent auf 15 Prozent zu reduzieren. Zusammen mit der regulatorisch verordneten Anhebung des Eigenkapitals gegenüber den risikodifferenzierten Forderungen der Banken schmilzt ohnehin der Spielraum für Spekulationsgeschäfte empfindlich.

Es bedurfte erst der materiellen Gewalt der Finanzmarktkrise, um einen fundamentalen Paradigmenwechsel zu vollziehen. Das nur wenige Jahre dominierende Geschäftsmodell der finanzmarktgetriebenen Investmentbank ist gescheitert und wird geächtet. Ins Zentrum gerückt ist die Bank, die der Wirtschaft und der Bevölkerung in der Region und vor Ort dient. Die Überlegenheit des öffentlich zu verantwortenden und genossenschaftlichen Eigentums gegenüber der Privatwirtschaft wurde durch die generelle Leistungsfähigkeit dieser Banken und speziell durch die Robustheit gegenüber der Finanzmarktkrise bestätigt.

Die öffentlich-rechtliche und genossenschaftliche Säule des deutschen Modells hat sich herumgesprochen. Als Barack Obama in seinem großen Reformprogramm den Grundsatz der originär dienenden Banken ohne Spekulationsabteilungen propagiert hatte, soll er gefragt worden sein, ob er dafür Beispiele nennen könne. Mit Blick auf seine Wirtschaftsberater soll er die Sparkassen und Genossenschaftsbanken in Deutschland genannt haben.

Deutsches Bankensystem: Zukunftsfähiges Drei-Säulen-Modell

Zwei Eigenschaften charakterisieren das deutsche Bankensystem. Die erste Eigenschaft zeigt sich im dominierenden Universalbankensystem: Im Unterschied zum Trennsystem werden praktisch alle Bankengeschäfte unter einem Dach wahrgenommen. In Deutschland bewegten die Universalbanken 2010 mehr als 75 Prozent der gesamten Bilanzsumme, dagegen entfielen 25 Prozent der Bilanzsumme auf Spezialbanken wie öffentliche und private Bausparkassen, Förderbanken und Wertpapiersammelbecken. Da liegt die Sorge nahe, dass im Klima der Renditesteigerung durch abenteuerliche Finanzmarktgeschäfte die Risiken durch hoch spekulative Investmentgeschäfte zugenommen haben. Die Folge wäre eine Bedrohung der normalen Kunden im Filialgeschäft durch in der Krise erzeugte Verluste. Diese Sorge trifft jedoch nur für private Großbanken sowie einige Landesbanken zu.

Der entscheidende Grund liegt in der zweiten Eigenschaft des deutschen Bankensystems: Es ist das Drei-Säulen-Modell, durch das die große Mehrheit der Kreditinstitute auf das Kundengeschäft konzentriert ist. Die drei Säulen sind:
- *Privatbanken:* Hierzu zählen Großbanken wie Deutsche Bank und Commerzbank, viele Privatbanken, die Zweigstellen ausländischer Banken sowie Realkreditinstitute, zum Beispiel Hypothekenbanken. Sie agieren hauptsächlich als Universalbanken und sind meist Ak-

tiengesellschaften, daneben gibt es auch Personengesellschaften. Es sind insbesondere die Großbanken, die Spekulationsgeschäfte im Investmentbanking über Eigenhandel und außerhalb der Börsen betrieben haben.

– *Öffentlich-rechtliche Banken:* Dazu gehören Sparkassen, Landesbanken, Landesbausparkassen und Banken mit Sonderaufgaben wie die KfW-Bankengruppe. Eigentümer sind meistens der Bund, die Länder oder die Gemeinden. Nach den jeweiligen gesetzlichen Vorgaben sind diese Institute dem Gemeinwohl verpflichtet. Im Zentrum stehen die Sparkassen, die üblicherweise Anstalten öffentlichen Rechts in der Hand der jeweiligen Städte und Gemeinden sind. Dazu zu rechnen sind die sogenannten freien Sparkassen, die historisch als Vereine von Kaufleuten gegründet wurden, etwa die Sparkasse Bremen AG oder die Hamburger Sparkasse AG (Haspa). Die Sparkassen sind mit einer Universalbanklizenz ausgestattet. Nach den jeweiligen Sparkassengesetzen ist deren Geschäftstätigkeit auf die Region beschränkt (Regionalprinzip). Dazu gehören die noch verbliebenen neun Landesbanken, die sich meist im Eigentum der Sparkassen- und Giroverbände sowie der Bundesländer befinden, sowie die DekaBank, die als zentrale Investmentgesellschaft der Sparkassen tätig ist. Gemessen an den originären Aufgaben der Landesbanken, die für die in ihrem Bereich zusammengefassten Sparkassen Zentral- und Verbundfunktionen übernehmen sowie Bankgeschäfte in der Region bündeln und Spezialfinanzierungen sichern, haben sich einige dieser Institute auf den internationalen Finanzmärkten massiv verzockt. Die Gründungsidee der Sparkassenbewegung, die um das Jahr 1800 einsetzte, konzentrierte sich auf breite Bevölkerungsschichten, denen die Chance, ihr Erspartes zinsbringend anlegen zu können, geboten werden sollte.

– *Genossenschaftsbanken:* Die Volks- und Raiffeisen-banken sowie die Spardabank firmieren als eingetragene Genossenschaft. Hinzugerechnet werden die beiden Zentralinstitute DZ Bank als Zentralinstitut für 9000 Genossenschaften sowie die WGZ Bank. Die WGZ Bank ist die Zentralbank der Volksbanken und Raiffeisenbanken im Rheinland und in Westfalen sowie Geschäfts- und Handelsbank sowie die genossenschaftlichen Bausparkassen. Es gilt die Rechtsform der Genossenschaft: Zur Mitgliedschaft und zum Status als Miteigentümer führt der Kauf von Geschäftsanteilen an einer Genossenschaft. Im Unterschied zum Aktienrecht bemisst sich das Stimmrecht nicht nach der Höhe des Aktienbestandes, sondern es gilt in der Regel für eine Person. Diese genossenschaftliche Basis erschwert eine Übernahme dieser Banken durch Dritte. Auf die Anteile wird eine gewinnabhängige Dividende ausbezahlt. Wie bei den Sparkassen respektieren die Genossenschafts-banken untereinander das historisch gewachsene Regionalprinzip. Die Idee ihrer Gründer Friedrich Wilhelm Raiffeisen (1818–1888) und Hermann Schulze-Delitzsch (1808–1883) galt dem Prinzip Hilfe zur Selbsthilfe für die von den damals vorherrschenden Banken vernachlässigten Gewerbetreibenden und Landwirte. Während heute bei den privaten Aktionärsbanken die Gewinnorientierung im Interesse der Shareholder und bei den Sparkassen das Gemeinwohl im Zentrum steht, kommt das genossenschaftliche Zielsystem dem Modell der Stakeholder nahe: Mitarbeiter zusammen mit

Manager, Miteigentümern, Lieferanten, Kunden, Kommune, Öffentlichkeit.[48]

Die den drei Säulen zugeordneten Banken unterscheiden sich durch die Eigentumsstrukturen, das Regionalprinzip, die Intensität der Profiterzielung beziehungsweise Gewinnbeteiligung und den sich daraus ergebenden unterschiedlichen Schwerpunkten der Geschäftstätigkeiten. Zum einen ist gegenüber dem Profitprinzip die Orientierung der genossenschaftlichen Kreditinstitute und der Sparkassen am Gemeinwohl entscheidend, zum anderen hat das Regionalprinzip für die beiden Säulen ruinösen Wettbewerb verhindert und zur besseren Versorgung mit Bankdienstleistungen vor Ort geführt. Die Trennschärfe, vor allem zwischen den Privatbanken gegenüber den genossenschaftlichen, öffentlich-rechtlichen Banken, hat in der Phase der wachsenden Geschäfte auf den Spekulationsmärkten jedoch an Bedeutung eingebüßt. Insgesamt lässt sich jedoch sagen, dass durch die Relevanz der nicht aggressiv profitwirtschaftlich getriebenen Bankenbereiche das Durchschlagen der Finanzmarktkrise mit voller Wucht auf Deutschland verhindert werden konnte.

Innerhalb des Universalbankensystems haben in den letzten Jahren Banken mit der Konzentration auf ethisch und ökologisch verantwortbare Geschäfte an Bedeutung gewonnen. Sie sind teilweise als Aktiengesellschaften oder Genossenschaftsbanken organisiert. Bekannt sind die GLS Gemeinschaftsbank, die niederländische Triodos Bank mit Filialen in Deutschland, die UmweltBank und

---

[48] Die Idee geht auf die Spezifizierung des Drei-Säulen-Systems durch Mechthild Schrooten zurück: Mechthild Schrooten, »Risiken im Bankensektor weiter hoch – Regulierung muss gestärkt werden«, in: *DIW-Wochenbericht* 9/2011, S. 3.

die EthikBank. Anstelle einer spekulativen Anlagepolitik stehen nachhaltige Investments für zukünftige Generationen im Vordergrund, denn es geht um Bankgeschäfte, die nachhaltig, human und umweltverträglich sind. Die dazu eingesetzten Regeln sind streng. Mittlerweile wird versucht, diese zuerst belächelte Geschäftspolitik in die traditionellen Institute innerhalb der drei Säulen aufzunehmen.

Im Drei-Säulen-Modell wird eine bedrohliche Entwicklung nicht erfasst: Es geht um die aus dem Boden schießenden Schattenbanken, vor allem die Hedgefonds und andere Finanzinvestmentunternehmen, die außerhalb jeglicher Regulierungen und Kontrollen operieren. Sie werden zum Fluchtort aus dem regulierten Bankenbereich. Diese Schattenbanken müssen verboten werden. Banken sind nur zulässig, wenn sie in Spielregeln, die kontrolliert werden, eingebettet sind.

Nach der schweren Niederlage verantwortungsloser Banken innerhalb der entfesselten Finanzmärkte sollten die bisher neoliberalen, marktfundamentalistischen Heißsporne auf die Stärkung der Banken mit dienenden Funktionen für die Wirtschaft in den Regionen und den Kommunen umschalten. Dazu gehört auch, dass sich die Banken im öffentlich-rechtlichen und genossenschaftlichen Bereich aus den von Profitsucht per Spekulationen getriebenen Geschäften auf den internationalen Finanzmärkten umgehend zurückziehen. Dies gilt vor allem für Landesbanken, die entgegen ihrem Gründungsauftrag mit abenteuerlichen Geschäften außerhalb der Bilanz und der Kontrolle das gesamte System der Landesbanken desavouiert und ordnungspolitischen Kritikern Argumente zu ihrer Abschaffung geliefert haben.

Gelingt es, das spekulative Investment auch durch das Verbot des Eigenhandels und des außerbörslichen Handels zurückzudrängen, stößt die Forderung nach der Auslagerung des Investmentbankings im Sinne des Trennbankensystems ins Leere. Nicht erst die Finanzmarktkrise lehrt: Deutschland ist gut beraten, die regional und kommunal wirksamen Banken auf der Basis öffentlich-rechtlichen oder genossenschaftlichen Eigentums zu stärken. Bad Banks zur Rettung der vor dem Absturz stehenden, aber systemrelevanten Kreditinstitute würden überflüssig.

Im internationalen Vergleich wird oft die Kritik vorgetragen, die rechtlich selbständigen Banken würden mit ihren Zweigstellen vor Ort in Deutschland ein Überangebot an Finanzdienstleistungen produzieren und mit vielen Filialen das Bankenangebot verteuern. Ohnehin ging ihre Bedeutung im Zuge des Online-Bankings sowie durch den Einsatz maßgeschneiderter Anwendungen per Smartphone-Apps und leistungsstarker Mobiltelefone zurück, der »Bankterminal in der Hosentasche« sei die Zukunft.

Die Zahl der Kreditinstitute in Deutschland ist schon seit Jahren rückläufig: Von über 4500 im Jahr 1990 ist die Zahl der rechtlich selbstständigen Banken bis Ende 2010 auf 2093 gesunken.[49] Die Zahl der Beschäftigten wird auf circa 650 000 geschätzt, 5 Prozent aller Erwerbstätigen in Deutschland. Hinter dem Abbau von Kreditinstituten und dem damit verbundenen Verlust an Jobs verbergen sich vorrangig Zusammenschlüsse und Fusionen von Banken. Ende Juli 2011 lagen die Anteile der Kreditinstitute innerhalb der drei Säulen bei: Kreditbanken 18,6 Prozent,

---

[49] Deutsche Bundesbank, *Entwicklung des Bankstellennetzes im Jahr 2010*, Manuskript 2010.

öffentlich-rechtliche Institute 20,9 Prozent, Kreditgenossenschaftliche Institute 54,6 Prozent. Die Raiffeisen- und Volksbanken standen mit ihren 1143 Instituten an der Spitze.

Für die regionale Dichte des Angebots an Bankendienstleistungen ist jedoch auch die Zahl der Zweigstellen relevant. Im Jahr 2010 sank das Angebot an Zweigstellen erneut: um 698 auf nunmehr 38 183. Die rechtlich selbständigen Kreditinstitute (Kopfstellen) geben zusammen mit deren Zweigstellen Auskunft über die regionale Dichte: Die Anzahl dieser Bankenstellen hat sich gegenüber 2009 um 733 Stellen auf 40 276 reduziert. Der Trend zur Schließung und Konsolidierung der Bankstellen hält weiter an, maßgeblich dafür sind angestrebte Kosteneinsparungen. Bei der Verteilung der Bankenstellen auf die drei Säulen liegt der öffentlich-rechtliche Sektor mit 13 935 Bankstellen, darunter 439 Kopfstellen, an der Spitze. Auch die privaten Kreditbanken mit 11 233 Bankstellen spielen beim Angebot an Finanzdienstleistungen eine nicht zu unterschätzende Rolle.

Die rückläufigen Zahlen werden mit dem Hinweis auf ein Over-Banking, durch dessen Abbau Kosten eingespart werden sollen, zu rechtfertigen versucht. Um diese Behauptung zu werten, werden international vergleichende Studien zur Bankstellendichte herangezogen. Dabei wird die Einwohnerzahl ins Verhältnis zu den Bankenstellen gesetzt: 2010 mussten sich in Deutschland 2030 Einwohner eine Bankstelle teilen. Doch als Folge der Schließung von Bankstellen in der Fläche verschlechtert sich die Versorgung der Bevölkerung vor allem im Ort.

Klar ist: Eine wesentliche Bedingung dienender deutscher Banken in der Zukunft ist deren Erreichbarkeit vor Ort. Dies wird durch Untersuchungen zu den Trends im Filialgeschäft belegt.[50] Durch die dichte Versorgung mit den Bankdienstleistungen Zahlungsverkehr, Kreditvergabe und Zinsen bringenden Spareinlagen wird die dezentrale Infrastruktur gestärkt. Es sind die Kunden, die Filialgeschäfte vor Ort bevorzugen. Wie Befragungen zeigen, sind die Präferenzen der Bankkunden für den klassischen Vertriebskanal Filiale nach wie vor stark: 88 Prozent der Befragten nutzen die Filialen.[51] Die kleine Geschäftsstelle auf dem Land wird als wichtige Kontaktstelle weiterhin hoch geschätzt, das belegt eine Befragung mit 14 000 Bankkunden und 50 Bankmanagern in 25 Ländern. Darüber hinaus hat durch die Finanzmarktkrise das Hausbankprinzip deutlich an Bedeutung gewonnen.

Diesem Trend zur Filiale vor Ort wollen 46 Prozent der deutschen Banken durch Investitionen in diesen Vertriebskanal bis 2013 Rechnung tragen. Der Ausbau der elektronischen und mobilen Vertriebswege wird voranschreiten, jedoch die vorrangige Bedeutung der Filialen vor Ort nicht verdrängen. Künftig werden sich die Banken auch auf die wachsende Nutzung der »Filialen« in den sozialen Netzen des Internets wie Xing, Facebook oder Twitter einstellen müssen. Die Banken nehmen diese neue Entwicklung an und signalisieren ihre Bereitschaft, in die sozialen Netze zu investieren. Die Geldinstitute der Zukunft sind gut beraten, das Filialgeschäft nicht gegen die neuen Formen und Plattformen für Bankengeschäfte aus-

[50] Steria Mummert Consulting (Hg.), *Branchenkompass 2010 Kreditinstitute*, Oktober 2010.

[51] Siehe Untersuchung der Beratungsgesellschaft Capgemini in Zusammenarbeit mit der UniCreditGroup und European Financial Marketing Associaton, World Retail Banking Report 2011: »Mehrheit der Banken ist zufrieden«, in: *Börsenzeitung*, 8. Mai 2011.

zuspielen. Die beiden Vertriebskanäle – virtuell und ortsgebunden – gehören zusammen.

Landesbanken unterscheiden: Zockerabteilungen zerschlagen – Regionalbanken ausbauen

Über die Zukunft der Landesbanken wird heftig gestritten.[52] Die Vorschläge reichen von einer kompletten Abschaffung aller Landesbanken bis zur Etablierung einer einzigen Zentralbank für alle Sparkassen in Deutschland. Alternativ wird auch der Umbau der derzeit erfolgreichen Landesbanken zu Regionalbanken gefordert.

Für die heute dominierende massive Kritik gibt es viele Gründe, die jedoch nicht auf alle Landesbanken zutreffen. Da ist die Kritik vor allem des Bundesverbandes der deutschen Banken, in der alle Privatinstitute zusammengeschlossen sind: Ohne Prüfung der realen Bedingungen und der genuinen Aufgaben wird den Landesbanken die Verursachung staatsmonopolistisch bedingter Wettbewerbsverzerrungen angelastet. Zu Recht wird bemängelt, dass sich einige Landesbanken von ihren ursprünglichen Aufgaben gelöst haben und Geschäfte im Rahmen des spekulativen Investmentbankings verfolgen. Schließ-

---

[52] Bei dieser Argumentation sind mehrere Studien, die Mechthild Schrooten zur ökonomischen Bewertung der Landesbanken in Deutschland erstellt hat, berücksichtigt worden: Mechthild Schrooten, »Risiken im Bankensektor weiter hoch – Regulierung muss gestärkt werden«, in: *DIW-Wochenbericht* 9/2011, S. 3., sowie Harald Noack und Mechthild Schrooten, *Die Zukunft der Landesbanken – Zwischen Konsolidierung und neuem Geschäftsmodell. Kurzgutachten im Auftrag der Friedrich-Ebert-Stiftung*, Manuskript.

lich hat die Finanzmarktkrise einige Landesbanken wegen deren internationalen Spekulationsgeschäften, die zum Gemeinwohlprinzip im Widerspruch stehen, besonders hart getroffen.

Die Landesbank Sachsen beispielsweise, die das gewinnarme Finanzierungsgeschäft mit der Wirtschaft in der Region vernachlässigt hatte, stieg in das internationale Wettkasino ein und gründete in Dublin eine Zweckgesellschaft. Sie hatte die Aufgabe, ohne Rücksicht auf Risiken in Wertpapiere verpackte langfristige Hypothekenkredite aus den USA zu kaufen. Finanziert wurden die Käufe durch die Ausgabe von kurzfristigen Commercial Papers (CP), die durch forderungsbedingte Wertpapiere gedeckt waren. Damit wurde gegen die Regel verstoßen, langfristige Verpflichtungen auch langfristig zu finanzieren. Als mit der geplatzten Immobilienblase in den USA die Geschäfte zusammenbrachen, kam die Wahrheit auf den Tisch: Die Zweckgesellschaft war außerhalb der Bilanz geführt und folglich nicht kontrolliert worden. Der Rausch des großen Geschäfts, der auch die Bonuszahlungen an die Vorstände nach oben trieb und die politischen Vertreter willig machte, währte nicht lang: Die zuvor eigenständige Landesbank Sachsen wurde aufgelöst. Nachdem ein seriöses Geschäftsmodell nicht erkennbar wurde, war diese Entscheidung alternativlos. Die explosiven Reste gingen an die Landesbank Baden-Württemberg.

Als zweites Beispiel rückt die WestLB ins Visier. Die Bank hatte sich auf den internationalen Finanzmärkten so sehr verzockt, dass im Februar 2008 massive Rettungsmaßnahmen erforderlich wurden. Erstmals musste in Deutschland eine Bad Bank unter dem Namen Erste Abwicklungsanstalt auf der Basis des SoFFin-Rettungsarrangements gegründet werden, risikobehaftete Wertpapiere im Umfang von 77 Milliarden Euro wurden übertragen. Die EU genehmigte im Dezember 2011 staatliche Beihilfen mit der Auflage, die Bank zu zerschlagen: Bis Mitte 2012 wird die einst so mächtige Landesbank vom Markt verschwunden sein. Übrig bleiben die Bad Bank, in die derzeit unverkäufliche Finanzmarktprodukte im Umfang von 56 Milliarden Euro überführt werden sowie eine Servicegesellschaft, die als Dienstleister für diese Bad Bank tätig wird. Eigentümerin ist die Bundesanstalt für Finanzmarktstabilisierung innerhalb derer die SoFFin die Verwaltung übernimmt. Zwar soll es bis Ende 2012 keine betriebsbedingten Kündigungen geben, mittelfristig ist jedoch mit einem umfangreichen Arbeitsplatzabbau zu rechnen. Nach Angaben des zuständigen EU-Wettbewerbskommissars werden die Abwicklungskosten auf 4,65 bis 5,85 Milliarden Euro geschätzt. Die Belastungen und Schäden durch die Abwicklung der WestLB sind groß, eine nachhaltige Schwächung der Versorgung mit Bankdienstleistungen in Nordrhein-Westfalen ist jedoch keineswegs zu befürchten. Die Bankenlandschaft wird sich neu sortieren.

Landesbank	Bilanz-summe (Milliarden Euro)	Eigen-kapital-quote	Eigentümer
Landesbank Baden-Württemberg (LBBW)	354,9	9,1 %	– Sparkassenverband Baden-Württemberg 40,53 % – Land Baden-Württemberg 19,57 % – Stadt Stuttgart 18,93 % – L-Bank 2,71 %

Bayerische Landesbank (BayernLB)	297,4	10,0 %	– Freistaat Bayern 94,03 % – Sparkassenverband Bayern 5,97 %
Norddeutsche Landesbank (Nord/LB)	218,3	6,0 %	– Land Niedersachsen 41,75 % – Land Sachsen-Anhalt 8,25 % – Sparkassenverband Niedersachsen 37,25 % – Ostdeutscher Sparkassenverband 12,75 %
WestLB	160,4	8,5 %	– Rheinischer Sparkassen- und Giroverband 25,032 % – Sparkassenverband Westfalen-Lippe 25,032 % – Land Nordrhein-Westfalen 48,276 %, davon NRW Bank 30,510 % – Landschaftsverbände 1,660 %
Landesbank Hessen-Thüringen (Helaba)	157,7	6,3 %	– Sparkassen- und Giroverband Hessen-Thüringen 85 % – Land Hessen 10,0 % – Freistaat Thüringen 5,0 %
HSH Nordbank	132,0	9,6 %	– Hansestadt Hamburg 12,4 % – Land Schleswig-Holstein 11,0 % – Sparkassen 6 % – HSH AöR Finanzfonds 59,0 % – 9 Trusts, von J. C. Flowers beraten, 10,7 %

Landesbank Berlin (LBB)	129,0	13,8 %	– Sparkassen Finanzgruppe 98,67 % – Streubesitz 1,33 %
Bremer Landesbank	33,7	k. A.	– Nord LB 92,5 % – Land Bremen 7,5 %
Landes-bank Saar (SaarLB)	19,6	k. A.	– Land Saarland 35,2 % – Sparkassenverband Saar 14,9 % – Bayern LB 49,9 %

Landesbanken im Vergleich (Werte zum 31. Dezember 2010)

Einen ersten Überblick zur Bilanzsumme, der Eigen-kapitalquote sowie den Eigentumsverhältnissen enthält die Übersicht »Landesbanken im Vergleich«. Die erste Lehre lautet: Landesbanken sollten künftig nur noch auf der Basis von direktem oder indirektem öffentlichen Eigentum über die den Kommunen gehörenden Sparkassen als Spitzen- und Verbundinstitut operieren.

Gemessen an der Bilanzsumme fällt die unterschiedliche Größe der Landesbanken auf. An der Spitze steht die Landesbank Bayern mit 354,9 Milliarden Euro, am Ende die SaarLB mit 19,6 Milliarden. Aber auch im Vergleich der Flächenländer wird mit sehr unterschiedlichen Bilanzsummen gewirtschaftet: So verfügt die Landesbank Bayern im Vergleich zur Landesbank Hessen-Thüringen über eine 1,3-fache höhere Bilanzsumme. Dahinter verbirgt sich ein unterscheidbares Geschäftsmodell beziehungsweise eine andere Gewichtung der Geschäftsprioritäten: Während der Anteil der Spekulationsgeschäfte sowie anderer riskanter Engagements etwa in Osteuropa bei der Landesbank Bayern höher ausfällt, spielen die genuinen Geschäfte von Landesbanken eine untergeordnete Rolle. Zugleich resultiert aus der Größe die Systemrelevanz, die im Falle des Absturzes öffentlich finanzierte Rettungspakete erzwingt. Die zweite Lehre lautet: Größe und Struktur der Landesbanken müssen an die genuinen Aufgaben angepasst werden. Landesbanken, deren überdimensionierte Größe durch riskantes Investmentbanking geprägt wird, müssen zerschlagen werden.

Bei der Frage nach der Zukunft der Landesbanken sollten nicht nur die ärgerlichen Fälle von Missmanagement beachtet werden, schließlich gibt es auch Landesbanken, die ihrem gesetzlichen Auftrag entsprochen haben und nicht als Spekulanten auf den internationalen Finanzmärkten tätig geworden sind. Ein Zeuge für diese Politik ist der Vorstandsvorsitzende der selbstständigen Bremer Landesbank im NordLB-Konzernverbund: Stephan Kaulvers hatte bereits vor dem geballten Ausbruch der Finanzmarktkrise den damals provokanten und heute selbstverständlichen Satz ausgesprochen: »Banker dürfen nur die Geschäfte machen, die sie verstehen und auch verantworten können.« Wer alle Landesbanken in den Topf der gescheiterten Institute wirft, straft die seriös arbeitenden Institute ab und verhindert den Blick auf deren für die Regionalwirtschaft positive Funktionen.

Zwei Landesbanken kommen den hier entwickelten Kriterien zu den Geschäftsfeldern, zur Größe und zur Eigentumsstruktur sehr nahe: die Landesbank Hessen-Thüringen sowie die Bremer Landesbank. Die Bremer Landesbank hat prinzipiell auf die Teilnahme an Zockergeschäften verzichtet und frühzeitig für transparente und verantwortbare Geschäfte geworben. Die Refinanzierung durch die Ausgaben von Bankenanleihen erfolgt nicht über die internationalen Finanzplätze wie London oder

New York, sondern durch interessierte Anleger in der Region. Die Aufgaben konzentrieren sich auf die Kreditvergabe sowie auf Einlagengeschäfte für die Wirtschaft, die in Ergänzung des Sparkassenangebots in der Region sinnvoll sind. Hinzukommen Spezialfinanzierungen wie im Schiffbau oder in alternative Energien wie Windkraft.

Zur jüngsten Geschichte der Landesbanken gehört die durch die Europäische Union im Jahr 2005 veranlasste Streichung der zuvor geltenden Garantien im Fall einer drohenden Insolvenz durch die Gebietskörperschaften: Die Anstaltslast, in deren Rahmen die Gebietskörperschaften für das Fortbestehen eintreten und die Gewährträgerhaftung, die die Haftung für Geschäftstätigkeiten vorsah, mussten nach harten Interventionen der EU gestrichen werden, eine Übergangsfrist ist bis 2015 eingeräumt werden. Danach entfällt ein oft reklamierte Konkurrenzvorteil, aber zugleich wird dem öffentlichen Charakter der Landesbanken in der Region keine Rechnung mehr getragen. Die Landesbanken sind damit in ihren genuinen Aufgaben amputiert worden – der Schritt zu einer Auflösung aller Landesbanken ist nicht mehr weit. Umso wichtiger ist die Rechtfertigung durch ein klares, auf die Region bezogenes und zukunftsfähiges Geschäftsmodell.

Im leidenschaftlichen Streit um die Zukunft der Landesbanken als Universalbanken lohnt der Blick auf deren ursprüngliche Funktion: Sie sollten als Hausbanken der Länder und als Zentralinstitute im Wirkungsbereich ihrer Sparkassen dienen, hinzukommt das Angebot von Bankdienstleistungen zur Stärkung der Regionalwirtschaft sowie Spezialfinanzierungen. Vor diesem Hintergrund ist es nicht sinnvoll, in Deutschland ein Zentralinstitut für alle Sparkassen einzurichten. Auch ist der Vorschlag, die bisherigen Landesbanken nach dem Muster Aldi Süd und Aldi Nord auf zwei zu reduzieren, nicht sinnvoll. Bei beiden Vorschlägen geht der Bezug zu den ökonomischen Anforderungen aus der Region verloren. Dies betrifft die Unterstützungsfunktion der Sparkassen im Einzugsgebiet der Landesbank, aber auch die eigenständige Geschäftstätigkeit für die Region sowie im Rahmen von Spezialfinanzierungen wie beispielsweise Schiffsbau oder Windkraftenergie ginge verloren. Nur noch die Landesbanken, die diesen Aufgaben entsprechen, sollten in regional begrenzte Institute umgebaut werden.

Für die Landesbanken gibt es keine generelle Bestandsgarantie, das zeigte bereits die unvermeidliche Zerschlagung der WestLB, die durch massives Missmanagement und Fehlentscheidungen der öffentlichen Eigentümer selbst die Weichen zum Untergang gestellt hatte. Auch eine Zentrallandesbank für Deutschland oder jeweils ein Institut für Nord und Süd lassen sich funktional in der künftigen Bankenlandschaft nicht begründen. Ob Landesbanken fortbestehen hängt von den folgenden Funktionen, die sie zu erfüllen haben, ab:

– *Zentralfunktion als Spitzeninstitut* für die sie zusammenfassenden Sparkassen, dazu gehören vor allem Girofunktionen (Zahlungsverkehr, Einlagen und Refinanzierungsbetreuung).

– *Wahrnehmung von Verbundfunktionen* zur Stärkung des Angebots der Sparkassen (Kofinanzierung bei Investitionsprojekten, Vermögensmanagement für Kunden, Kreditfinanzierung der regionalen Wirtschaft, die eine einzelne Sparkasse nicht leisten kann).

– *Unterstützung von international ausgerichteten Finanzie-*

rungsgeschäften für Firmenkunden (Auslandsbetreuung und Währungsmanagement).

– *Profilierung als Regionalbanken*, die komplementär zu Sparkassen tätig werden, und Definition eines zukunftsfähigen Geschäftsmodells. Das heißt auch: Zerschlagung von Abteilungen mit dem Schwerpunkt internationale Finanzmarktaktivitäten, vor allem im Bereich des Investmentbankings, die im Widerspruch zur Profilierung als Regionalbank stehen. Nur bei Erfüllung dieser Funktionen haben Landesbanken künftig eine eigenständig begründete Berechtigung innerhalb der Bankenlandschaft. Landesbanken mit Geschäften im riskanten Investmentbanking und mit abenteuerlichen internationalen Finanzierungsgeschäften wie etwa die BayernLB in Osteuropa müssen, soweit sie sich nicht in eine Regionalbank umbauen lassen, abgewickelt werden.

Konturen eines zukunftsfähigen Deutschen Bankensystems: dienend, dezentral vernetzt, demokratisch

Die Zerschlagung der heutigen Bankenstruktur ist die Voraussetzung dafür, ein zukunftsfähiges Bankensystem aufzubauen. Dabei braucht das Rad nicht komplett neu erfunden zu werden. Die öffentlich-rechtliche und genossenschaftliche Säule garantiert wichtige Elemente, die zugunsten von kundenorientierten, aber auch effizienten Banken für morgen verstärkt werden sollten. Dafür sprechen die bereits genannten Argumente: Das Angebot an Bankdienstleistungen in der Region und vor Ort sichert die volkswirtschaftlichen Funktionen des Zahlungs- und Kreditverkehrs sowie die Einlagengeschäfte für Sparer in der Fläche. Diese allgemein zur Verfügung gestellte Infrastruktur nutzt den Unternehmen, der Bevölkerung sowie der kommunalen Selbstverwaltung und den Bundesländern.

Darüber hinaus stellt diese Bankeninfrastruktur auf Basis des Regionalprinzips einen Deich dar, der die auf den internationalen Finanzmärkten ausgelösten Sturmfluten einigermaßen abzuwehren vermag. Allerdings ist dieser Deich in den letzten Jahren durchlöchert worden. Nicht nur einige Landesbanken haben versucht, mit ihren Zockergeschäften schnelle Renditen zu erzielen. Die originären, aus dem Gemeinwohl abgeleiteten Funktionen haben darunter stark gelitten. Vom Leitbild eines zukunftsfähigen Bankensystem aus sollten die Löcher im Deich gestopft und die prägenden Elemente des Drei-Säulen-Modells ausgebaut und ergänzt werden:

– *Dezentralisierung:* Die der Wirtschaft und Bevölkerung dienenden Funktionen des Bankensystems sind so weit wie möglich zu dezentralisieren. Gegen die Internationalisierung der Großbanken wird die Rekommunalisierung gesetzt. Durch die daran anknüpfende Vernetzung kann die Leistungsfähigkeit eines dezentralen Bankenangebots gesteigert werden. Zugleich bietet die Vernetzung den international agierenden Unternehmen die notwendigen Finanzierungsinstrumente. Der bisher suggerierte Sachzwang muss durchbrochen werden: International geprägte Finanzmarktgeschäfte für Unternehmen könnten nur durch die privatwirtschaftlichen Großbanken wahrgenommen werden. Künftig sollten Vernetzungen auf der Basis dezentraler Strukturen wirksam werden. Dadurch büßen die Großbanken ihre dominante, oft missbrauchte Vormachtstellung ein.

– *Gemeinwohlorientierung*: In den Statuten der Sparkassen und Genossenschaftsbanken steht die verpflichtende Orientierung auf das Gemeinwohl. Dieses Prinzip richtet sich prinzipiell nicht gegen Wirtschaftlichkeit, vielmehr geht es um den Ausgleich zwischen Gemeinwohl einerseits und Gewinnen für eine nachhaltige Geschäftsentwicklung andererseits. Dazu gehören auch angemessene Ausschüttungen von Gewinnen an die Eigentümer: Der Genosse als Miteigentümer seiner Raiffeisenbank soll am Ertrag beteiligt werden. Eine Gemeinwohlorientierung richtet sich gegen die von den originären Bankgeschäften entkoppelte Profiterzielung um jeden Preis. Ausgeschlossen werden Zockerprodukte, mit denen ohne Bezug auf die Finanzierung in der realen Produktionswirtschaft Spekulationsgewinne erzielt werden. Dabei nützt die Leitplanke Gemeinwohl auch der nachhaltigen Sicherung des Geldinstituts. Zugleich bleiben die negativen Folgen einer Renditemaximierung mit hochriskanten Spekulationsgeschäften dem gesamten Bankensektor und schließlich der Realwirtschaft erspart. Es geht um die präventive Verhinderung von negativen Effekten, die am Ende zur Vergesellschaftung der Kosten privatwirtschaftlicher Renditewut zwingen. Bei den privatwirtschaftlichen Banken auf der Basis von Aktiengesellschaften lässt sich eine Gemeinwohlorientierung nicht direkt in die Verfassungen schreiben. Hier sind es die Regulierungen, mit denen systemgefährdende Finanzmarktprodukte eingeschränkt und kontrolliert oder aber verboten werden, beispielsweise Leerverkäufe.

– *Regulierung*: Bei zwei Säulen des deutschen Bankensystems ist genossenschaftliches oder öffentlich-rechtliches Eigentum vorgeschrieben. Hier steht nach den Statuten der öffentlich-rechtlichen Banken das Gemeinwohl im Vordergrund, bei den Volks- und Raiffeisenbanken das genossenschaftliche Interesse. Diese Interessengruppe ist am besten mit einem Stakeholder vergleichbar: die Eigentümer, die Gemeinde und die regionale Wirtschaft. Im Unterschied zu den Privatbanken, deren Eigentum durch die Aktionärsanteile bestimmt wird, sind über 75 Prozent aller selbständigen Banken davon betroffen. Bei so viel nichtkapitalistischem Eigentum stellt sich die Frage, ob die Forderung nach Verstaatlichung Sinn ergibt. Ihr Bannstrahl reduziert sich offensichtlich nur auf die privatkapitalistisch fundierten Großbanken als Aktiengesellschaften. Um die Defizite der Eigentumsordnung im gesamten Bankensystem zu erkunden, lohnt sich die Unterscheidung zwischen formalem Eigentum und den Verfügungsrechten: Entscheidend ist nicht nur die Art des Eigentums, sondern die Verfügung über dieses. Bankenintern müssen die Entscheidungsstrukturen und Kontrollen verbessert werden, bankenextern erhöhen unregulierte und unkontrollierte Finanzmärkte die Chance, nach rein profitwirtschaftlichen Zielen über dieses Eigentum zu verfügen. Deshalb kommt es darauf an, die Verfügungsgewalt über das Eigentum durch Regulierungen und Spielregeln einzuschränken. Am Ende wird das privatwirtschaftliche Eigentum politisch eingeschränkt und dadurch dessen Krisendynamik entschärft. Der allgemeinen Verstaatlichung ist eine strenge Regulierung vorzuziehen. Nur so entsteht Druck auf die privaten Großbanken, sich auf volkswirtschaftlich wichtige, genuine Bankenfunktionen zu beschränken. Bei der Suche nach neuen Eigentumsformen im Bankensektor stellt sich die Frage, ob die genossenschaftlichen und öffentlich-rechtlichen Eigentumsformen zur gemeinwohlorientierten Verfügung ausgereicht haben. Hier gibt es viel Kritik, denn Verwaltungsräte und Beiräte haben in einigen nachweislichen Fällen völlig versagt. In den Gremien fehlte es trotz des öffentlichen Eigentums an Kompetenz und Haftung für die zu verantwortende Geschäftspolitik.

– *Demokratisierung:* Nach dem Versagen der Aufsichtsräte bei Großbanken sowie einiger Verwaltungsräte bei öffentlich-rechtlichen Banken wird eine Forderung unumstößlich: Die Verfügungsgewalt muss demokratisiert werden. Im Mittelpunkt steht der Ausbau der Mitbestimmung zugunsten der Beschäftigten und ihren Gewerkschaften. Sicherlich kann nicht bestritten werden, dass bei fundamentalen Fehlentscheidungen auch die Vertreter der Beschäftigten anwesend waren und vielfach auch mitgewirkt haben. Zur Intervention gegen Vorstandsentscheidungen fehlte es oft an Mut sowie bei mutigen Betriebsräten an ausreichender Kraft. Deshalb geht es nicht um weniger, sondern um mehr Mitbestimmung in allen Banken. Vorgeschlagen wird das Modell der Montan-Mitbestimmung, das bei paritätischer Besetzung für das Kapital und die Arbeit ein neutrales Mitglied vorsieht. Auch muss die Berufung der Bankenräte gründlich reformiert werden: Seilschaften bei der Berufung der Kapitaleigner sind zu unterbinden, beamtete Staatssekretäre sollten nicht mehr Aufsichtsratsmitglieder in Banken werden, die der Staat retten muss, bisherige Mitglieder des Vorstands dürfen nicht den Aufsichtsratsvorsitz übernehmen. Die genossenschaftlichen und öffentlich-rechtlichen Banken sollten beim Ausbau der Mitbestimmung die Pionierfunktion übernehmen.

Ein Blick in die Zukunft der deutschen Bankenlandschaft sei gewagt:

– *Großbanken:* Es wird wohl am Ende nur noch zwei, sich von der ökonomischen Stellung unterscheidende Großbanken geben: die Deutsche Bank und die Commerzbank. Dabei ist die Commerzbank gut beraten, sich wieder auf die Kundengeschäfte in den Regionen mit dem Angebot der Hilfe bei internationalen Finanzierungen zu profilieren. Heute schon zeichnet sich der Rückzug aus dem spekulativen Investmentbanking wegen der Regulierungen ab. Um die harten Anforderungen an das Eigenkapital gegenüber den Risikopositionen zu erfüllen, werden Geschäftsbereiche abgebaut und die Bilanzen damit deutlich kürzer werden. Arbeitsplätze werden reduziert, insbesondere Arbeitsplätze im Bereich »Fixed Income«, also dem Handel mit Zinsprodukten und Anleihen. Das Geschäft mit den Kunden wird wieder im Zentrum stehen. Die Vorstandsgehälter samt Bonuszahlungen werden schrumpfen, wenngleich auf hohem Niveau. Mit einem generellen Rückgang der Gehälter muss gerechnet werden.

– *Sparkassen und Genossenschaftsbanken:* Sparkassen und genossenschaftliche Banken werden an Bedeutung gewinnen. Der Anteil der Wertschöpfung am gesamten Bankensystem wird steigen. Dabei wird es erneut zu Fusionen und sinnvollen Kooperationen in der Region kommen.

– *Landesbanken:* Es werden nur einige wenige Landesbanken übrigbleiben. Das werden die Landesbanken sein, welche die Zentral- und Verbundfunktionen ihrer

Sparkassen übernehmen und sich zugleich als Regionalbanken profilieren.

– *Online-Banking:* Online-Banking und Nutzung von Smartphones (»Bank in der Hosentasche«) werden an Bedeutung gewinnen. Jedoch wird die Filiale mit ihrer persönlichen Beratung weiter oben auf der Präferenzliste der Kunden stehen. Dennoch ist in den nächsten Jahren mit einem Rückgang der Zweigstellen im ländlichen Bereich zu rechnen.

Die wichtigste Ressource des Bankensystems ist Vertrauen. Dieses Vertrauen hat mehrere Dimensionen: das Vertrauen der Kunden, der Politik und die Akzeptanz durch die Öffentlichkeit. Außerdem bedarf es auch des Vertrauens zwischen den Banken – Voraussetzung für das Funktionieren des Interbankenmarktes, der das Nervensystem einer Geldwirtschaft bildet. Banken leihen sich kurzfristig Liquidität untereinander aus. Fehlt dieses Vertrauen zwischen den Geschäftsbanken, dann muss die Europäische Zentralbank mit unkonventionellen Maßnahmen intervenieren. Nur mit einem zielorientierten Bankensystem ohne gefährliche Spekulationsabteilungen kann das allgemein verloren gegangene Vertrauen wieder zurückgewonnen werden. Das Bankensystem darf seiner krisenanfälligen Eigendynamik nicht überlassen bleiben. Es muss gegenüber betriebsbezogener Blindheit aber auch Borniertheit ordnungspolitisch gestaltet werden. Die drei Qualitätskriterien sind: dienend, dezentral, demokratisch. Für die gesamte deutsche Bankenbranche wird ein Strukturrat vorgeschlagen. In diesem Rat sollten auch gesellschaftliche Gruppen, die eine grundlegende Reform des Bankensystems im Dienste einer nachhaltigen Wirtschaftspolitik fordern, beteiligt sein.

Ausblick auf ein neues Paradigma

Den zerstörerischen Profitimperialismus überwinden

Die erstmals mit dieser Wucht spürbar gewordene globale Finanzmarktkrise drohte einen Zusammenbruch der Weltwirtschaft auszulösen. Verursacht wurde der Beinahe-Absturz auch des deutschen Bankensystems durch Finanzgeschäfte mit virtuellen Kreationen, die mit der realen Produktionswirtschaft nichts mehr zu tun hatten. Mangels ausreichender und kontrollierter Spielregeln konnten sich die Finanzalchemisten austoben. Die auf der Basis von mathematischen Modellen geschaffenen Zockerpapiere glichen den Steinen, die im Mittelalter die Alchemisten mit goldener Farbe anmalten und dann als Gold ausgaben.

Zentren der Verursachung der Finanzmarktkrise sind die weltweit agierenden Großbanken. Mit ihren Investmentabteilungen haben sie Finanzmarktprodukte geschaffen und ohne Kundenauftrag auf eigene Rechnung sowie außerhalb der regulierten Börsen blühenden Handel betrieben. Zu diesen oligopolistischen, von wenigen Megaanbietern beherrschten Märkten zählen auch die im Dunkel der Schattenbanken aktiven Hedgefonds und Private-Equity-Fonds.

Der Einsatz der übermächtigen Finanzoligarchie auf den wenigen Finanzplätzen dieser Welt, zu der auch die Deutsche Bank mit ihrem Investmentbanking zählt, erklärt nicht allein die Verbreitung der Ideologie der entfesselten Finanzmärkte. Es ist nicht nur den Lobbyisten gelungen, die Botschaft zu verbreiten, mit Spekulationsgeschäften ließen sich Werte schaffen, das Paradigma von den Wohlstand stiftenden Wirkungen der von Regeln befreiten Märkte dominierte die Wirtschaft, die Politik und große Teile der Bevölkerung, auch international nicht aktive Banken wurden von dem Bazillus ergriffen.

Der auch durch die euphorischen Berichte in den Medien auf die Spur gesetzte Kleinanleger wollte an dem billigen Versprechen wachsenden Reichtums teilhaben. Die große Mehrheit der Anlageberater, die Söldner der Finanzbranche, heizte in der Erwartung von Bonuszahlungen diese Wetten und Zockergeschäfte an. Oft gerieten auch seriöse, verantwortungsvolle Anbieter beispielsweise bei Volksbanken oder Sparkassen unter Druck: Mit der Drohung, die Bank zu wechseln, hatten sie kaum die Chance, verblendete Kunden von der Teilnahme am Kasinokapitalismus abzuhalten.

Erst die Finanzmarktkrise, die sich ab 2007 erkennbar abzeichnete, setzte dem Spuk ein Ende. Riesige Verluste entstanden nicht nur in der Finanzwelt, auch die Versicherungsbranche wurde in Mitleidenschaft gezogen: Einbußen bei der Ausschüttung aus Lebensversicherungen waren die Folge. Die Krise der als besonders gesichert gepriesenen Finanzmärkte, deren Deregulierung einen Schwerpunkt im omnipotenten Marktfundamentalismus bildete, hat das vorherrschende Paradigma des Neoliberalismus tief erschüttert.

Dabei geht es nicht nur um die Deregulierung der Finanzmärkte, sondern auch um die durch die Aufkündigung von Regeln wuchernde Billiglohnarbeit sowie die

Lockerung der Güter- und Dienstleistungsmärkte. Gescheitert ist die Methode der Reduktion ökonomischen Handelns auf einzelwirtschaftliche Vorteilsoptimierung. Diese Methode eines individualistisch-ökonomischen Imperialismus prägt selbst persönliche Entscheidungen, die ohne Rücksicht auf andere dem Diktat einer engstirnigen Kosten-Nutzen-Analyse folgen.

Der Neoliberalismus, der in der vorherrschenden Wirtschaftswissenschaft unter dem vornehmen Etikett Neoklassik firmiert, jedoch dasselbe meint, ist gescheitert. Robert Shiller, ein früher Warner vor dem Crash der Finanzmärkte, zog das Fazit:»Die Theorie effizienter Märkte ist der teuerste Irrtum in der Geschichte des ökonomischen Denkens.«[53] Robert Sidelsky, der Wirtschaftshistoriker und Kenner der Theorie von John Maynard Keynes, fügte hinzu:»Die größte Rezession von 2008/2009 ist eine Krise von Ideen.«[54]

Wie konnte es zur nur am Rande kritisierten Verbreitung dieses neoliberalistischen Finanzmarktimperalismus kommen? Die Schuld liegt nicht nur unmittelbar bei den Finanzoligarchien. Die Politik, die »mainstream economics«, aber auch die Medien verkündeten das neoliberale Paradigma als die neue Heilslehre. Verantwortlich ist die politische Klasse, die den»Block an der Macht« bildet, die jämmerlich versagt hat. Die vorherrschende Politik hat un-

---

[53] Zitiert am Schluss seines Tour d'Horizon: Justin Fox, *The Myth of the rational Market*, New York 2009, ausführlich Robert Shiller und George A. Akerlof, »Vorwort«, in: *Animal Spirits. Wie Wirtschaft wirklich funktioniert*, Frankfurt a. M. 2009.

[54] Robert Sidelski, *Die Rückkehr des Meisters. Keynes für das 21. Jahrhundert*, München 2009, S. 15. Robert Sidelski,»The Relevance of Keynes«, in: *Cambridge Journal of Economics* 35 (1).

ter dem Druck machtvoller Lobbyisten der Finanzoligopole sowie der Deregulierungsinternationale, angeführt durch die USA, die Gesetze eingeschränkt und zum Teil abgeschafft, die zuvor recht und schlecht der Profitsucht Einhalt geboten hatten. Nach einer zuerst zögerlichen Haltung hat sich Deutschland in diese neue Internationale der Marktentfesselung eingereiht. Diesem Politikversagen gegenüber den Interessen der Finanzmarktoligarchie musste das Versagen der deregulierten Finanzmärkte folgen. Heute wird oftmals nur die Politik der Deregulierung vor allem von denjenigen kritisiert, die sich zuvor für eine konsequentere Befreiung der Märkte von Fesseln eingesetzt hatten. In Wahrheit ist es die Dialektik zwischen Politik- und Marktversagen, die zum Beinahe-Absturz der Weltfinanzmärkte und schließlich der Weltwirtschaft geführt hat. Die Lehre ist eindeutig: National und international muss die Politik wieder die Führungsrolle übernehmen und die Profitwirtschaft machtvoll in die Schranken weisen.

Die vorherrschende und beratende Wirtschaftswissenschaft trägt maßgeblich die Verantwortung für die Ausbreitung des neoliberalen, neoklassischen Irrglaubens. Auf der Basis von abstrakten Modellen mit wirklichkeitsfremden Verhaltensannahmen ist den Finanzmärkten die Eigendynamik zur krisenlosen Effizienz angedichtet worden. Diese Wirtschaftswissenschaft, die ohne Rücksicht auf institutionelle Strukturen, gesamtwirtschaftliche Zusammenhänge und widersprüchliche Interessen in der Gesellschaft dem seelenlosen und zynischen Homo oeconomicus Vorrang einräumte, hat sich bis auf die Knochen blamiert. Eine Theorie zur gesamtwirtschaftlichen Entwicklung unter den Bedingungen des finanzmarktgetriebenen Kapitalismus, in der die Wall Street nicht verkommt, kann nicht den Anspruch auf Erklärungsrelevanz erheben. Mit der Vertriebswirtschaftlichung der Gesamtwirtschaft ist die Perspektive einer auch an sozialen und ökologischen Zielen ausgerichteten Nachhaltigkeitsökonomie verdrängt worden. Die Dominanz der Business-Economics nach dem Motto, wenn es den Großbanken gut gehe, gehe es allen gut, musste scheitern. Mit der unverantwortlichen These von der Unerschöpflichkeit krisenfreier Finanzmärkte ist auch der Ausstieg aus einer die Existenz sichernden Altersvorsorge zu rechtfertigen versucht worden. Kapitalfundierte Eigenvorsorge gegen soziale Risiken heißt das Konzept. Nach den bitteren Erfahrungen mit vielen Finanzmarktprodukten muss die Demontage des Sozialstaats zugunsten der Finanzbranche gründlich überprüft werden.

Die heutige Beratungsökonomie war mit ihrem Rechtfertigungsreduktionismus nicht in der Lage, die Herausforderungen zu erklären. In den makroökonomischen Modellen, mit denen die künftige Wirtschaftsentwicklung prognostiziert werden sollte, kamen krisenanfällige Finanzmärkte nicht vor. Deshalb wurde auch der Rat der fünf Weisen mit seiner Prognose zum Jahr 2009 vom Absturz der deutschen Wirtschaft völlig überrascht: Wenige Wochen, nachdem die Bundesregierung mit Notmaßnahmen reagieren musste, prognostizierte er Mitte November 2008 nur eine »Wachstumsdelle«. Ein Bildungsurlaub zum Thema »Finanzmärkte und Krisen« ist der Vierer-Mehrheit der »Sachverständigen« dringend zu empfehlen. Es gehört zur arroganten Ignoranz der herrschenden Wirtschaftslehre, dass kritische Analysen ausgegrenzt und sogar diffamiert werden. Seit Jahren arbeitet die Arbeitsgruppe Alternative Wirtschaftspolitik die Ursachen und Folgen der Finanzmarktkrise auf und schlägt Alternativen vor.[55] Selbst wenn das eine oder andere Argument ohne Hinweis per Zitat in die Argumentation der Beratungsökonomik Eingang findet, wird offiziell über diese Untersuchungen nicht diskutiert. Pluralismus, die Basis der wissenschaftlichen Erkenntnisbildung, ist ein Fremdwort. Mark Blaug, einer der führenden Ökonomen für Theoriegeschichte, hat festgestellt:»Die moderne Ökonomik ist krank.« Diese artifizielle, spielerische Modellschreinerei trüge nichts zur Erklärung der ökonomischen Probleme bei. Der Nobelpreisträger Ronald Coase fügt hinzu:»Die heutige Ökonomik ist ein theoretisches Spiel, das in der Luft schwebt und kaum Bezug zu dem hat, was in der realen Welt geschieht.«[56]

In kritischen Kreisen ist die Rede von einer»post-autistischen Ökonomik«.[57] Die für die Wirtschaftswissenschaft aus der Finanzmarktkrise zu ziehende Lehre ist eindeutig: Gegen das Diktat der Ökonomie des Marktfundamentalismus müssen endlich wieder alternative Theorien intensiv diskutiert werden. Nur der herrschaftsfreie Streit zwischen den alternativen Sichten, die auch die Grundlagen und Wirkungen der Profitwirtschaft thematisieren, trägt zur

---

[55] Zuletzt in »Trügerische Ruhe im Finanzsektor«, in: Arbeitsgruppe Alternative Wirtschaftspolitik, *Memorandum 2011. Strategien gegen Schuldenbremse, Exportwahn und Eurochaos*, Köln 2011.

[56] Zitiert aus Philip Pickert, »Der Volkswirt: Gefangen in der Formelwelt«, in: *Frankfurter Allgemeine Zeitung*, 20.September 2009, http://www.faz.net/aktuell/wirtschaft/wirtschaftswissen/der-volkswirt-gefangen-in-der-formelwelt-1760069.html.

[57] Geht auf eine kritische Bewegung von Studierenden der Wirtschaftswissenschaft in Frankreich zurück. Kritisiert werden die Realitätsferne der Theorien und die Ideologielastigkeit. Gefordert wird ein produktiver Pluralismus von Theorien wie etwa Keynesiansimus, Evolutionsökonomik oder Institutionenökonomik.

gesellschaftlich relevanten Erkenntnisbildung bei. Nicht die Suche nach weißen, sondern nach schwarzen Schwänen sichert den wissenschaftlichen Fortschritt. Statt Herrschaftswissen zu produzieren, müssen Theorien immer wieder dem Test der Falsifizierbarkeit, der Widerlegung unterzogen werden. Allerdings ist trotz der Erfahrungen mit der gescheiterten Neoklassik derzeit wenig an Lernbereitschaft zu erkennen.

Die große Mehrheit der Medien trägt ebenfalls Verantwortung für die Verbreitung dieser neoliberalistischen Glaubenslehre. Wie in der Wirtschaftswissenschaft gab es zu wenige, die gegen den Zeitgeist abweichende Meinungen gegenüber der vorherrschenden Ideologie vortrugen. Ahnungslosigkeit und durch Interessen verstärkte Kurzsichtigkeit prägten die Berichterstattung in der kritischen Phase des Beinahe-Crashs im Oktober 2008. Nachdem dieser die völlig unvorbereiteten Redaktionen überraschte, wurde Rat bei den Chefanalysten der Großbanken und Akteuren an der Börse eingeholt; Nachfragen zu deren interessenbedingten Abhängigkeit gab es nicht. Die Chefökonomen, die in den Medien zu Wort kamen, standen für Banken, die Täter der Finanzmarktkrise waren. Mit den wirtschaftswissenschaftlichen Weihen wurde die Rolle der Banken von Kritik freigehalten und dadurch gestärkt. Musste sich jemals der Chefökonom einer Großbank zu den volkswirtschaftlichen Schäden, die durch die Kreation und den Handel mit Zockerpapieren produziert wurden, verantworten? Dies blieb der Unterkommission des US-Senats, welche die Täter in die »Hall of Shame« verbannte, überlassen. Von einem Chefökonomen auf der Gehaltsliste der Bank kann diese Kritik niemand erwarten. Umso wichtiger ist die kritische Distanz der Medien zu diesen Meinungsmachern.

An dieser Praxis der Ratsuche bei den Chefökonomen der marktbeherrschenden Finanzinstitute hat sich trotz der Erfahrungen mit der tiefen Finanzmarktkrise kaum etwas geändert. Seien es die Wirtschafts-, Banken-, Euro- oder Staatsschuldenkrise, dem Zuschauer bleibt der Rat der Analysten nicht erspart. Da wundert es nicht, dass in der Börsenberichterstattung auch im öffentlich-rechtlichen Rundfunk und Fernsehen die gestanzte Meinung dieser Chefökonomen die eigene Urteilsbildung ersetzt. Oftmals wird knallharte Ideologie als unumstößliche Wahrheit mit säuselnder Stimme vom Börsenplatz Frankfurt verkündet, so dass sich schnell Interessen bei der Bewertung komplizierter Vorgänge durchsetzen. Da liegt es nahe, Repräsentanten der Täter auf den Finanzmärkten und Professoren mit nachweislicher Bankennähe zu Ratgebern zu erheben. Mit einem für Aufklärung engagierten Journalismus hat diese Pseudoinformierung nichts zu tun.

Dieser hegemoniale Politik-Medien-Komplex trägt zusammen mit einer gefährlich blauäugigen Beratungsökonomik maßgeblich die Verantwortung für die Verbreitung der neoliberalen Botschaft und damit auch für die in der Krise ausgebrochenen schweren Belastungen der Wirtschaft und Gesellschaft. Hinzukommt die Heerschar von Lobbyisten, die in den nationalen Parlamenten und beim Europaparlament versuchen, die Gesetze zur Regulierung zu verwässern oder gar zu verhindern. Aufklärung muss organisiert werden. Die Hegemonie einer gestaltenden Politik gegenüber der immer wieder aus dem Ruder laufenden Ökonomie gilt es herzustellen. Dazu muss die demokratische Macht gestärkt werden: Eine durchgreifende Demokratisierung der Wirtschaft und Stärkung des politischen Parlamentarismus ist unverzichtbar.

Die zwei fundamentalen Lehren aus der Finanzmarkt-krise, deren Umsetzung eine machtvolle und machtwil-lige Politik erforderlich macht, sind ausführlich begründet worden:

– *Weltweite Regulierungen:* Alle Finanzinstitutionen und Finanzmarktprodukte müssen international und natio-nal streng reguliert werden. Die ordnungspolitische Be-gründung hat Adam Smith in seinem Hauptwerk *Wealth of Nations* von 1776 vorgelegt: Soweit die sich auf den Märkten austobende »persönliche Freiheit« dazu führt, »die Sicherheit des ganzen Landes« zu gefährden, bedarf es einer gemeinsamen Brandmauer gegen die Feuers-brunst,[58] denn das Banksystem sichert mit seinen fun-damentalen Funktionen für die Produktionswirtschaft auf der Basis einer Geldökonomie eine staatlich zu ga-rantierende Infrastruktur. Bricht diese monetäre Infra-struktur zusammen, dann bricht die Gesamtwirtschaft zusammen. Ziel ist es, mit den vorgegebenen Spielregeln das heutige Risikopotential auf den Finanzmärkten mit ihren Banken abzubauen. Um den Fluchtweg aus den regulierten Bereichen in Schattenbanken zu verstopfen, müssen auch die derzeit getarnten Finanzinstitutionen kontrollierten Spielregeln unterworfen werden. Es geht um die Zivilisierung der Finanzmärkte, die wieder der Wirtschaft und Bevölkerung zu dienen haben.

– *Zerschlagung des Investmentbankings und Regionalisie-rung:* Zweitens stellt sich den Finanzmärkten die Auf-gabe, speziell die Banken vor selbstzerstörerischen Ge-schäftspraktiken zu schützen. Großbanken muss der

---

[58] Adam Smith, *Wealth of Nations*, London 1789; nach der deutschen Ausgabe *Wohlstand der Nationen*, München 3. Auflage 1983, S. 267.

heutige Rang der Systemrelevanz genommen werden. Im Mittelpunkt steht die Zerschlagung des hochgradig spekulativen Investmentbankings. Das Verbot des Eigenhandels mit Zockerpapieren sowie des Handels außerhalb der regulierten Börsen dienen diesem Ziel, hinzukommen die risikobezogenen Eigenkapitalvorschriften sowie die Beschränkung der Bilanzsumme im Verhältnis zum Eigenkapital. Schließlich dient das Verbot von besonders aggressiven Finanzmarktinstrumenten wie Leerverkäufen und Kreditausfallversicherungen ohne vorliegende Kredite diesem Zweck. Nach den positiven Erfahrungen mit der Struktur des deutschen Drei-Säulen-Modells sollten die öffentlich-rechtlichen und genossenschaftlichen Säulen ausgebaut werden. Die abstrakte Forderung nach Verstaatlichung der Banken stößt damit auf eine bereits vorhandene und weiterzuentwickelnde Praxis. Im Mittelpunkt steht das Angebot von regionalen Bankdienstleistungen. Die heutigen Landesbanken haben dabei nur dann noch eine Rechtfertigung, wenn sie sich als Regionalbanken mit übergreifenden Aufgaben für die kommunalen Sparkassen profilieren. Dezentral mit den Bankfunktionen der örtlichen Wirtschaft und Bevölkerung zu dienen, prägt das Leitbild der Zukunftsbank. Entscheidend ist nicht so sehr das formale Eigentum an Banken, sondern die Art der Verfügung über dieses. Die Verfügungsgewalt sollte durch eine Unternehmensverfassung demokratisiert werden.

Viele vernünftige Vorschläge zur Disziplinierung der Finanzmärkte sowie zur Neuordnung der Banken ohne den erpresserisch nutzbaren Status der Systemrelevanz liegen vor. Heute gilt die Spaltung zwischen linker Systemkritik und rechter Systemverhimmelung als unproduktiv. Die

Härte der jüngsten Krise der Finanzmärkte, die zuvor noch als besonders systemstabil gefeiert worden ist, hat so manchen Marktfundamentalisten zum Kritiker mutieren lassen.

Die Einsicht in die Durchsetzung von Spielregeln ist das eine, der damit verbundene Machtverlust der Finanzoligarchien auch in den Banken ist das andere. Immer noch dominiert auf den Finanzmärkten ökonomische Macht, welche die Politik »verzwergt«. Das jüngste Beispiel ist der Umgang mit Krisenländern im Euro-Raum: Forciert werden martialische Sparprogramme, die gegen die Bevölkerung durchgepeitscht werden, eine alternative Strategie einer Stärkung dieser Ökonomien kommt den durch Spekulanten getriebenen Schrumpfkommissaren nicht in den Sinn. Beim *Handelsblatt* firmieren die mächtigen Finanzinvestoren und Großbanker zusammen mit den Ratingagenturen unter der Rubrik »außerparlamentarische Opposition«.[59] Frank Schirrmacher, Herausgeber der *Frankfurter Allgemeinen Zeitung*, klagt unter dem Titel »Ich beginne zu glauben, dass die Linke recht hat« an: »Die Demokratie verkommt zum Ramsch.«[60] Jürgen Habermas verweist auf »eine von Märkten kujonierten politischen Klasse« und fordert emphatisch: »Rettet die Demokratie.«[61]

---

[59] »Die neue außerparlamentarische Opposition«, in: *Handelsblatt*, 15. Dezember 2011, http://www.handelsblatt.com/unternehmen/ban ken/die-neue-ausserparlamentarische-opposition/5913384.html? p5913384=all.

[60] Frank Schirrmacher, »Ich beginne zu glauben, dass die Linke recht hat«, in: *Frankfurter Allgemeine Zeitung*, 15. August 2011, http://www. faz.net/aktuell/feuilleton/buergerliche-werte-ich-beginne-zu-glauben-dass-die-linke-recht-hat-11106162.html.

[61] Jürgen Habermas, »Rettet die Würde der Demokratie«, in: *Frankfurter Allgemeine Zeitung*, 4. November 2011, http://www.faz.net/aktuell/

Heute ist die Unterordnung der Politik unter die Imperative der Finanzmarktmächtigen unübersehbar. Längst droht dadurch eine tiefgreifende Krise des parlamentarisch-demokratischen Systems. Die Antwort der Bundeskanzlerin auf den Verlust der demokratischen Gestaltungsgewalt lässt Böses ahnen. Sie fordert eine »marktkonforme Politik« und damit eine noch intensivere Gefolgschaft im Dienst der Finanzkapitalmächtigen. Um künftig dem Staat die Rettungskosten für Systembanken zu ersparen, gilt die umgekehrte Forderung: Macht die Märkte politikkonform, und das heißt, euch untertan.

Die fehlenden Spielregeln allein erklären nicht die entfesselte Verantwortungslosigkeit, mit der die Finanzmarktakteure tätig sind. Eine nicht für möglich gehaltene Raffgier auch mit Mitteln am Rande der Legalität ist freigesetzt, kurzfristige Spekulationsprofite zu Lasten Dritter dominieren, ethische Grundsätze ökonomischen Handelns sind mit der Entfaltung blindwütiger Gier nach dem fiktiven Geld erstickt. Zu Recht gibt es Forderungen, endlich über die Ethik des Wirtschaftens ernsthaft nachzudenken. Die sinngemäß wiedergegebene Maxime von Milton Friedman ist ein böser Freispruch für die moralische Bewertung des Wirtschaftens: Alles, was die Wirtschaft hervorbringt, ist aus sich selbst verantwortbar.[62] Dagegen steht die ethische Leitidee: »Die Wirtschaft hat der Gesellschaft zu dienen und das Wohl der Menschen zu fördern!«

---

feuilleton/euro-krise-rettet-die-wuerde-der-demokratie-11517735.html.

[62] Das ist die Quintessenz des Plädoyers für einen entfesselten Kapitalismus von Milton Friedman, *Capitalism and Freedom,* Chicago, 1962, deutsch: *Kapitalismus und Freiheit*, München/Zürich, 2004.

Gebraucht wird eine der Profitwirtschaft Grenzen aufzeigende Ethik des Wirtschaftens. Sie ist die Basis für gesellschaftlichen Konsens über die zukünftige Entwicklung von Wirtschaft und Gesellschaft. Derzeit findet dieser Diskurs am Rande der Unternehmen und Bildungseinrichtungen statt. In den Lehrplänen der Bildungseinrichtungen sollte frühzeitig die moralische Begründung wirtschaftlichen Handelns gelehrt werden. Der Reduktion auf den »eindimensionalen Menschen« (Herbert Marcuse) muss entgegenwirkt werden. Dieser Bildungsauftrag gilt auch für die wirtschaftswissenschaftlichen Fakultäten und Business-Schools: Sie vernachlässigen in ihren Lehrplänen die Grundlagen einer Wirtschaftsethik. In einer armseligen Betriebswirtschaftslehre, die soziale und ökologische Problemlösungen ausblendet, dominiert ein seelenloser Profitmaximierer. Mit diesem Reduktionismus droht die Gefahr, dass Systemzwerge geschaffen werden. Mangels sozialer Kompetenz in den Unternehmen ist deren Scheitern vorprogrammiert.

Aktivitäten einiger Universitäten auf dem Gebiet einer historisch fundierten, institutionell ausgerichteten und gesellschaftlich verantwortbaren Ausbildung verdienen viele Nachahmer. Ohne eine Ethik gegenüber dem Mitmenschen und der Natur ist eine zukunftsfähige Wirtschaft nicht zu haben. Auf Dauer ist eine auf individuelle Maximierungsinteressen reduzierte Gesellschaft nicht überlebensfähig. Es reicht nicht aus, den Bildungsauftrag für eine Ethik des Wirtschaftens an die christlichen und andere Religionen zu delegieren, notwendig ist ein breiter ethischer Diskurs. Allerdings wäre es fatal, auf die ethische Erneuerung der Gesellschaft zu setzen – ob diese jemals gelingt, ist fraglich. Es wäre naiv, bei der Begrenzung der

Krisen erzeugenden Gier nur auf die moralische Einsicht in deren Verwerflichkeit zu setzen. Sicherlich muss die Raffgier der Akteure in der Wirtschaft beim Namen genannt werden, allerdings würde die Gesellschaft durch bloße Verdächtigungen auf Missetäter vergiftet. Das Dilemma lässt sich recht einfach lösen: Es geht um die im demokratischen Prozess entschiedenen Spielregeln. Es sind diese Regulierungen, die den gesetzlich vermessenen Spielraum für gesellschaftlich schädliche Raffgier begrenzen. Wenn jemand geradezu pathologisch vom Wettfieber auf den Finanzmärkten getrieben wird, dann wäre es müßig, auf dessen Einsicht in sein Fehlverhalten zu setzen. Spielregeln müssen seinem Handeln Einhalt gebieten. Insoweit sind Regulierungen von Banken und die Demontage der Finanzoligarchien moralisch gut begründbar.

Der fundamentalen Krise der durch die Großbanken und Schattenbanken angetriebenen Zerstörung des bisherigen Bankensystems muss der Aufbau von dezentralen Finanzdienstleistern mit regional- und volkswirtschaftlich dienenden Aufgaben entgegengesetzt werden. Dazu gehört der politische Mut, die Bankenmacht zu demontieren. Der Sumpf des Lobbyismus, der machtvolle Feind der Demokratie, muss trockengelegt werden. Notwendige Bedingung ist ein entscheidungsfähiges und -williges System der parlamentarischen Demokratie. Hinzukommen muss endlich die Demokratisierung der Banken im Rahmen einer allgemeinen Wirtschaftsdemokratie. Eine machtvolle, ethisch fundierte Umzingelung der profitwirtschaftlichen Finanzmärkte dient der Einbettung des Bankensystems in eine zukunftsfähige Gesellschaft.

Danksagung

Die Idee zu dieser Streitschrift gab es schon längere Zeit. Nach einem harten, aber aufmunternden Gespräch mit Jürgen Diessl und Michael Schickerling im Institut Arbeit und Wirtschaft in Bremen ist das Projekt an den Start gegangen. Jürgen Diessl vom Econ Verlag danke ich für sein Engagement. Für die wertvolle redaktionelle Bearbeitung durch Michael Schickerling spreche ich ein großes Lob aus. Burkhard Heiland verdanke ich die Vermittlung dieses Buchprojekts.

Viele Ideen und Anregungen gehen auf Vorträge und nachfolgenden Diskussionen, Streitgespräche in den Medien sowie die wissenschaftlichen Diskurse vor allem in der Arbeitsgruppe Alternative Wirtschaftspolitik zurück. Ohne diese wichtigen Impulse, durch das Studium der Literatur sowie kluger, aber auch ärgerlicher Beiträge in den Printmedien und durch persönliche Gespräche auch mit aufgeklärten Bankern, die jenseits der vorherrschenden Verherrlichung der effizienten Finanzmärkte frühzeitig vor den gravierenden Risiken gewarnt haben, ist diese Streitschrift nicht denkbar. Dafür danke ich.

Mit einem solchen Buchprojekt verändern sich die sonst so geschätzten Lebensverhältnisse zumindest vorübergehend. Meiner Frau Sabine Mohaupt-Hickel danke ich für ihre aktive und liebenswerte Unterstützung. Dabei geht es nicht nur um die gekonnte Bearbeitung der ersten Fassung. Sie hat mit ihrer Hilfe und Geduld eine produktive Atmosphäre gerade auch über die dafür geopferten Weihnachtstage erzeugt: cordiales merci!

Selbstverständlich liegt die Verantwortung für die Thesen, die Authentizität der Begründungen sowie die zugespitzten Bewertungen ausschließlich bei mir.

Bremen, Januar 2012
Rudolf Hickel